큰 물결이
고요히

큰 물결이 고요히

1판 1쇄 발행 | 2021년 4월 15일
지은이 | 백인호
발행인 | 이선우
펴낸곳 | 도서출판 선우미디어
　　　　등록 | 1997. 8. 7 제305-2014-000020
　　　　02643 서울시 동대문구 장한로 12길 40, 101동 203호
　　　　☎ 2272-3351, 3352 팩스: 2272-5540
　　　　sunwoome@hanmail.net
　　　　Printed in Korea ⓒ 2021. 백인호

값 13,000원

※ 잘못된 책은 바꿔 드립니다.
※ 저자와 협의하여 인지 생략합니다.

ISBN 978-89-5658-659-5 03810

큰 물결이 고요히

백인호 에세이

선우미디어

작가의 말

수필을 통한 진정성과 도덕성 창조

문학은 모든 학문의 기초다. 글을 쓴다는 것은 인간을 이해하고 활동하는 표현이라고 말할 수 있겠다. 대상이 인간인 만큼 인간을 떠나서 문학은 존재하지 않을 것이다. 수필(Essay)은 생각을 자유롭게 표현한 산문 문학이다. 일상생활에서 벌어지는 것을 다루는 경수필, 사회적인 문제들을 다루는 중수필, 보통 사회적인 이슈를 주제로 쓴 것을 칼럼이라 한다.

수필을 많이 쓰는 것도 중요하지만 한 작품이라도 제대로 쓰고 싶은 심정이야 늘 가지고 있다. 불편하고 가난하고 고독하고 인간적인 문학이 수필이기에 삶을 진실하게 살려고 했고, 허구가 아닌 사실을 쓰고자 노력하였다. 때로는 드러내고 싶지 않은 사연이나 차마 꺼내놓기 어려운 이야기도 있지만, 수필이 고백의 문학이기에 용기를 냈다. 진실한 삶으로 맺는 열매만이 독자에게 감동을 주며 마음을 움직일 수 있을 것이다. 나의 작품에 독자의 마음이 움직일 수만 있다면 더 무엇을 바라겠는가.

'밀운불우(密雲不雨)', 구름은 가득 끼어 있는데 비는 오지 않는다는 말처럼, 의욕은 늘 가득 차 있지만 훌륭한 작품이 나오지 않는다.

자꾸 쓰다 보면 언젠가는 독자의 심금을 울릴 만한 작품 한 편쯤 나오지 않겠는가. 그 희망과 소망으로 아쉬운 마음을 달랠 뿐이다.

오승근 가수가 부른 노래 중에 〈있을 때 잘해〉가 있는데 "바라보고 있지 않아 사랑하고 있지 않아 그 이상 나에게 무얼 바라나~"라는 가사가 있다. 나는 "읽고 있지 않아, 쓰고 있지 않아, 그 이상 나에게 무얼 바라나."라면서 많이 읽고 상상하고 관찰하고 많은 글을 쓰려고 노력할 뿐, 더 무엇을 바라겠는가.

이 세상에 살면서 예기치 못한 일과 종종 부닥치기도 한다. 이럴 때 슬기롭게 해결해 나가는 생활의 지혜를 문학을 통해서 내면적인 진실을 추구하며 인간의 정직성과 도덕성을 일깨워 주어야 한다. 성실한 마음으로 수필에 접근해 보자. 올바른 배움과 반성이 기초가 되어 복잡한 인간관계의 오해와 오류로 인한 잘못에 대해 관용이 허용되어 새로운 세계로의 도전의 기회를 펼치리라 확신한다.

수필을 사랑함으로 나를 둘러싼 사회에 어떤 변혁을 주는 데 기여해 보자. 문학을 통해 좀 더 좋은 세상을 만들어 가야 하지 않겠는가. 수필의 창시자인 몽테뉴의 고백대로 수필의 본질적 특성이 명백한 사실에 입각한 자기 고백을 역설하고 있듯, 사실성을 바탕으로 거짓 없는 정직한 글을 쓰겠다고 약속해 본다. 의학이 신체의 질병을 고쳐주고, 법학이 사회 기본질서를 우지 시켜 주듯, 나는 문학의 한 줄기인 수필로써 나의 삶을 통해 내면적인 진실을 표출시켜 진정성과 도덕성을 창조해 가는 데 전념하기로 다짐해본다.

2021년 새봄
저자 백인호

차례

작가의 말
수필을 통한 진정성과 도덕성 창조 _____ 4

Chapter 1 흐르는 세월을 붙잡는다고

내가 심은 나무의 변 _____ 12
집 잃은 고양이 _____ 16
누룽지의 향기 _____ 21
흐르는 세월을 붙잡는다고? _____ 24
큰 물결이 고요히 _____ 28
투석이 시작되다 _____ 32
노후의 요리 _____ 36
팔순 초청장 _____ 41
추석의 그림자 _____ 44
운전면허 도전기 _____ 48

Chapter 2 축복받은 여행

그린 밸리의 단상 _____ 54

축복받은 여행 _____ 58

7월의 회상 _____ 62

내 고향의 산 _____ 66

하와이 여행 _____ 69

손자에게 주고 싶은 덕담 _____ 73

낙엽이 우수수 떨어질 때 _____ 77

울 엄마의 마음 _____ 81

어머님 제삿날 _____ 85

포기할 줄 아는 지혜 _____ 89

Chapter 3 궤변은 재앙이다

소통으로 방황과 실종에서 벗어나자 _____ 94

궤변은 재앙이다 _____ 97

한국인의 자화상 _____ 99

빗자루의 추억 _____ 102

일불 삼소 오의 칠과 _____ 106

팁, 웃으며 주고 받자 _____ 110

장병들이여, 힘들면 군가를 부르라 _____ 113

물어뜯는 개보다는 전략가가 되라 _____ 117

일체유심조(一切唯心造) _____ 120

쓸개가 빠지고 있지 않은가 _____ 125

짜가가 판치는 세상 _____ 128

chapter 4 한국의 위상을 지키자

유비무환의 정신 ——— 132
고집과 포용의 조화 ——— 135
위베르 특공대의 사명감 ——— 137
한국의 위상을 지키자 ——— 140
로스앤젤레스의 열린음악회 ——— 143
전원 재시험이라니 ——— 147
입으로 운전하는 사람 ——— 150
선거봉사자의 하루 ——— 153
아침은 밝았는데 ——— 157
자기밖에 모른다니 ——— 161

chapter 5 유연함의 힘

나는 유신론자이다 ——— 166
풀리지 않는 영혼 ——— 169
곰배 추석 성묘 ——— 173
죽음은 끝이 아니다 ——— 177
고기를 낚는 사랑 ——— 180
유연함의 힘 ——— 183

미국의 독립 기념일과 예배 _____ 187
겨울 감기 _____ 191
인간과 소금 _____ 195
사위들의 전쟁 _____ 199

chapter 6 진정한 봄은 오고 있는가

진정한 봄은 오고 있는가 _____ 204
몬티의 트럼펫 진혼곡 _____ 207
중소기업과 동반성장 _____ 211
철저한 삶의 계획 _____ 215
멋진 결혼 멋진 사람 _____ 218
교회 분쟁, 용서와 사랑의 기회로 _____ 221
소금 맛을 잃은 지도자들 _____ 224
코로나19와 척추협착증 _____ 227
곁에 있는 동기생들 _____ 232
세계 속의 한글 _____ 235

chapter 1

흐르는 세월을 붙잡는다고

내가 심은 나무의 변
집 잃은 고양이
누룽지의 향기
흐르는 세월을 붙잡는다고?
큰 물결이 고요히
투석이 시작되다
노후의 요리
팔순 초청장
추석의 그림자
운전면허 도전기

내가 심은 나무의 변

"저 나무가 내가 심은 나무야!"

차창 밖으로 한동안 그 집 앞을 물끄러미 바라보았다. 이민 온 지 얼마 안 되어 로스앤젤레스 인접한 다우니 시에 허름한 주택을 마련했다. 그때 그 집은 사람이 살지 않고 텅 빈 채 매물로 나와 있었다.

그 집을 샀다. 그런데 너무 허술하고 썰렁했다. 아내는 뒤뜰에 텃밭을 만들어 레몬나무를 심고 고추와 호박 등 여러 종류의 야채를 심고 가꾸었다. 우리는 텃밭에 고추가 주렁주렁 거꾸로 매달려 있는 게 여간 신기하고 재미나서 자주 들여다보곤 했다. 나도 넓고 허전한 앞뜰 한복판에 이름도 모르는 나무 한 그루를 심었다.

그때 나는 프랑스의 작가 장 지오노(jean Giono)의 단편소설 〈나무를 심는 사람〉의 주인공 '부피에'처럼 불모의 땅을 우람한 나무를 심어 울창한 숲으로 가꾸고 메마른 계곡에 물이 흐르게 하여 사람들이 모여 살 수 있는 자연을 되살리겠다는 의지 같은 건 추호도 없었다. 다만 오랜 세월이 지나다 보면 누군가가 여기다 그네라도 매고 편히 쉴 수 있을 만큼 웅장한 나무로 성장하겠지 하는 소박한 마음이었다.

세월은 강물처럼 서서히 흘러도 가지만, 폭우가 내린 개울물처럼 빠르게 흘러가기도 한다. 그 나무를 심은 지 어느덧 30여 년이고, 우리가 그 집을 떠난 지도 20여 년의 세월이 흘렀다. 그 집에서 이사 가고 나서 그동안 나는 한 번도 그곳을 지나간 적이 없다. 바쁜 이민자의 삶은 여유가 없었던 모양이다.

'사람'은 '삶'과 '앎'이 합쳐져서 생긴 말로 삶이 무엇인지 아는 존재라고 의미이겠다. 때로는 흘러간 세월만큼이나 멀리 가버린 과거가 그립다. 세월은 어느덧 나의 반려자가 되어 나 자신을 들여다보게도 하고 삶의 진리를 깨닫게도 하여 삶의 고비도 슬기롭게 넘기게 했다. 나를 때때로 나태해진 삶의 잠을 깨워준다.

미국 이민 오고 처음 산 집에 20여 년 만에 둘러보면서 그때 함께 정을 나누던 이웃들이 문득 보고 싶어진다. 옛날로 돌아가고 싶은 심정을 억누르며 나는 파란만장한 시절을 살아낸 그 집에서의 추억에 젖는다.

앞집 백인 할아버지는 보이지 않는다. 서투른 이민 초보자인 나에게 친절했던 그분을 잊을 수가 없다. 집안에 뭔가 고장만 났다 하면 할아버지는 달려와 도움을 주었다. 내가 이 집을 떠날 무렵 병원에 입원했는데 얼마 후에 세상을 떠났다고 한다. 이 집으로 이사와 얼마 안 된 어느 새벽녘에 느닷없이 일어난 지진으로 매우 놀라기도 했다. 자다가 깜짝 놀라 침대에서 벌떡 일어나다가 넘어져서 얼굴에 상처를 입었다. 그때는 옆집 할아버지가 약을 발라주던 생각도 났다.

이십여 년 동안 이 집 주인은 몇 번이나 바뀌었을까, 아니면 한 주인이 계속 살고 있을까. 차고 문은 말끔히 단장되었지만 내가 만든 화단은 별 변화가 없이 온갖 색색의 꽃들이 눈부시게 피어있다. 아내가 심어놓고 특별히 사랑한 푸루메리아 나무, 한창 꽃이 흐드러지게 피어서 주위를 산뜻하게 해주고 있었다. 담장도 말끔히 정리되었다. 내가 심은 지금도 이름 모르는 나무는 그 집의 보초병인 양 잎사귀가 무성하여 내 키 세 배만큼이나 자라서 우람한 청년의 기상으로 변신해 있었다.

"아아, 저것이 내가 심은 나무인데 잘 자라 주었구나."

잘 자라준 나무를 보고 놀랐지만, 그보다 까마득히 흐른 세월에 더 놀랐다. 이 집을 떠날 때 우리 가족이 심고 살뜰히 가꾸던 나무들과의 이별이 서운했었는데 그동안 무성히 잘 자라서 다시 보게 되니 감동이다. 우리 집 아이들도 이 나무들 못지않게 잘 자라 주었다.

모든 게 아름다운 삶의 연속이다. 그때 앞집 옆집 할아버지가 나를 끔찍이 생각하고 도와주셨는데 나는 보답도 하지 못하고 그 집을 떠났으니 늘 마음에 걸릴 뿐이다. 주위에 살던 이웃들도 모두 이사 간 모양이다. 동네 주위는 적막이 흐르고 낯익은 얼굴은 보이질 않는다. 마음이 울적해진다.

고려 말 충신, 야은 길재의 "오백 년 도읍지를 필마로 돌아드니/ 산천은 의구한데 인걸은 간 데 없네./ 어즈버, 태평연월이 꿈이런 가 하노라."는 시조가 있다. 지금 나의 심정이 바로 길재의 그 심정 이다. 세월이 우리를 이렇게 무정하게 갈라놓을 수가 있을까. 어려 움을 이기는 자는 더 큰 어려움도 이길 수 있다고 한다. 앞으로 더 큰 어려움이 온다 해도 이겨낼 수 있을 것이다.

저 나무는 그 시절 이민자에 고독과 슬픔, 어려움, 가슴앓이 등 등 나의 모든 비밀을 묵묵히 지켜보았다. 그래서 나를 비춰주는 거 울이요, 겉모습만이 아닌 내면의 이민자의 희로애락을 간직하고 있 을 것이다.

나무가 내게 마음으로 말을 걸어온다.

"인생이란 놈이 덜렁 심어만 놓고 가버리면 어떡한단 말인가. 원 망하지 마. 불행하다고 한숨짓지 마. 나도 괴로운 일 많았지만, 우 리 잘 자라고 있지 않니. 태양은 한쪽 편만 들지 않아. 심어놓은 나무를 잘 가꾸듯 사람도 잘 가꾸어야 밝은 사회가 오지 않을까."

집 잃은 고양이

'어, 이 녀석 봐라.'

가방과 쓰레기 봉지를 양손에 들고 문을 열고 나가려는 순간 초조한 표정의 고양이 한 마리가 집 안으로 들어오려고 은근슬쩍 고개를 들이민다. 흰 바탕에 약간의 노랑 무늬가 있는 생김새가 순해 보이는 녀석이다. 야박하지만 일단 들어오지 못하게 문을 살짝 닫았다. 동물이지만 찾아온 손님을 냉대하는 것 같아 좀 미안해서 잠시 엉거주춤했다.

한국에서 방문하신 누님 부부를 만나기로 약속이 되어 있어서 이른 아침부터 부지런을 떨었더니 아직은 좀 시간 여유가 있다. 약속 장소인 얼바인까지는 아침이라도 한 시간 정도면 충분할 것 같았다.

어제 투석을 해서인지 아내는 활짝 핀 아침 나팔꽃처럼 싱싱하다. 많은 벌과 같은 곤충들이 꿀을 모으고 꽃가루를 운반해 주기 위해 아침 일찍부터 날아들 것만 같다. 그런 아내를 바라보니 기분이 좋고 운전도 해주니 "감사합니다."라는 말이 저절로 나온다. 그 이상 무엇을 바라겠는가. 아내가 투석하지 않는 날의 우리 부부는 새장 안에 갇힌 새가 바깥세상으로 나온 기분이다.

한 친구는 "형제가 서로 협력하여 선을 이룬다."라며 성경 구절을 인용하여 내 튼튼한 팔뚝을 칭찬해 준다. 음식을 먹고 산소를 마시면 영양분과 산소가 만나 우리 몸에 필요한 에너지를 만든다. 혈액이 움직여 각 기관에 필요한 물질을 공급하며 쓸데없는 공기를 밖으로 내보내며, 몸속에 쌓인 노폐물을 아래로 내보낸다. 오장 육부가 서로 협력하여 우리의 몸을 건강하게 만들기에 이 친구가 하는 농담이다.

그렇다. 우리의 몸속은 너무 복잡하다. 조물주께 항의한들 무슨 소용이 있겠는가. 나도 내 몸속의 각 기관이 제구실할 때 건강한 육체가 유지되는 것에 감탄할 때가 한두 번이 아니다.

무뚝뚝한 내가 언제 제대로 아내에게 사랑의 표시를 한 적이 있나? 내가 언제 동물을 사랑한 적이 있나? 여태까지 나는 동물을 사랑한 적이 없고 만지는 것조차 싫었다. 그런데 나이가 들어가고 주위 사람들이 병든 모습을 접하다 보니 동물과도 뭔가 통하는 것인가, 내 집에 찾아온 고양이를 팽개치려니 선뜻 발걸음이 나가지 않는다. 나이 먹으니 젊어서는 보이지 않는 것들이 보이다니, 이제야 철이 나는 모양이다. 어째서 이 고양이는 아무 거리낌 없이 우리 집으로 들어오려고 하는가? 고양이도 나이 탓일까, 아니면 감각 기관에 문제가 온 것일까. 참으로 난처한 상황이다.

"야, 여기는 너의 집이 아냐. 너, 집을 잘못 찾았어."
　이층의 젊은 부부가 기르던 고양이는 흰색 바탕에 검은 무늬가 있었으니 그 집 고양이는 아닌 듯했다. 그들이 얼마 전에 이사했다. 그 고양이는 계단을 오르내릴 적마다 문밖에서 공격 자세로 나를 노려보곤 했었다. 그래도 나는 그 집 앞을 지나칠 적마다 마음에도 없는 미소를 띠며 잘 있었냐 하며 농담조로 손을 흔들어 주었더니 마음이 놓였는지 만나면 슬그머니 고개를 숙인다. 항상 철문 뒤에서 문밖에만 쳐다보며 하루를 보내던 그 고양이가 주인 따라서 이사를 가버렸다.
　주위의 어르신들도 나이가 들어 행동이 자유롭지 못하면 온종일 이층 집 고양이처럼 밖에만 쳐다보며 하루를 보내야 하지 않는가. 우리 어머니도 아파트 고층 건물에서 밖에만 쳐다보며 지내지.
　30여 년 전 미국에 와서 집을 살 때 고양이 한 마리가 우리 집을 제집으로 알고 악착같이 들어오려는 것을 부동산 업자한테 부탁해 멀리 보냈다. 그런데 놀랍게도 그 녀석은 다음날 또 찾아온 적이 있었다.
　사람도 동물과 다를 것이 하나도 없다는 생각에 집 잃은 고양이가 더욱더 애처롭다. 주인을 찾아주고 싶었다. 생김새로 보아 이층에서 살던 그 고양이는 아닌 것 같다.
　"너 집을 잃었구나, 이리 따라와."라고 하니까 3층에서 2층까지 졸졸 계단을 따라 내려온다. "이게 너의 집이 아니냐?"라는 말에 슬그머니 꽁무니를 들더니 다시 우리 집으로 올라가는 게 아닌가.

우리 집을 자기 집으로 착각을 하고 있으니 이것도 보통 문제가 아니다. 내 말 한마디에 졸졸 따라오는 모습을 브니 정말 그 녀석을 두고 그냥 갈 수가 없었다.

"이놈아, 내가 재산세 낸 영수증도 있단 말이야. 허허. 야, 떼쓰지 말고 어서 이층으로 내려가자."라며 이층으로 다시 데리고 왔다. "여기가 너의 집 아니냐?"라고 물으니 멍청히 의아한 눈초리로 나만 쳐다보고 있다. 완전히 이 녀석 혼이 나간 모양이다.

이제 나이가 들어서 그런지 모든 것을 사랑하고 싶은 마음이 솟아나는 것 같다. 세월 따라 마음도 변하는 모양이다. 외로운 자만이 외로운 자를 안다고 했지.

내가 사는 콘도는 3층으로 서너 동이 오밀조밀 붙어있어 처음 오는 사람은 찾기가 힘들다. 입구의 대문도 같고 창문도 같고 모두가 같다. 그래도 고양이는 총명해서 집을 잃을 일이 없을 텐데, 이 녀석도 잠시 머리가 복잡했던 모양이다. 아무래도 이 녀석을 누구한테 인계하고 싶은데 주위에 나타나는 사람이 없다.

"야, 너 꼼짝 말고 여기서 기다려라. 청소 관리 담당하는 남미 아저씨를 찾아 부탁하고 갈 테니 꼼짝 말고 있어. 너 로스앤젤레스에 살았으면 최소한 스패니시 몇 마디 정도는 알아듣겠지. 그 아저씨 만나면 너의 집을 찾아갈 수 있을 거야."

청소부 아저씨를 찾아가 길 잃은 고양이를 부탁했다. 이 단지 내에 사는 고양이임은 틀림없을 테니 그가 해결해 주리라 생각하고 마음 놓고 약속장소로 떠날 수 있었다.

세상에, 사람만 측은한 줄 알았는데 고양이도 측은한 놈이 있다. 처음 만난 녀석이 내 말만 믿고 층층다리를 따라 내려오는 것을 보니 꽤 다급했던 것 같다. 사람도 다급하면 뭐라도 붙들려 하는 마음이 있지 않은가. 역시 인간이나 동물이나 급하면 누군가를 믿으려는 심성은 다 있나 보다. 나는 혼자 중얼거리는 동안 차는 어느덧 얼바인에 거의 다 온 것 같다.

"물고기가 물과 같이 살아가는 것처럼 너는 항상 주인 곁에 있어야지 어쩌다 주인을 잃어버리고 집도 찾지를 못하느냐…. 분명히 너를 돌보던 주인이 너를 기다리고 있을 거야."

나는 난생처음으로 아무도 없는 층계 난간 허공에서 집 잃은 고양이와 대화를 나누었다.

내 주위에도 집을 잃은 영혼이 많지 않을까. 주인 잃은 영혼은 얼마나 될까. 집 잃은 고양이처럼 되지 말자.

주인이신 전능자를 경외하며 삶을, 우리의 노년을 다시 한번 숙고해 본다.

누룽지의 향기

 오늘 아침에도 누룽지 밥을 많이 먹었더니 기운이 나는 것 같다. 입맛이 없을 때는 누룽지를 물에 말아 먹으면 그만이다. 누룽지의 구수한 향기는 밥물에서 생성되는 수용성 당질과 아미노산이 밥 밑에 스며들어 향기가 나게 마련이다. 누룽지는 모든 중금속과 독소를 해독하고 면역력을 높여주고 소화 기능도 도와주고 간 기능 회복과 뇌혈관 질환에도 좋다고 한다. 산성식품인 쌀이 태우는 과정에서 약알칼리로 전환되어 누룽지 속의 탄소가 생명의 근원이라고 하니 놀라운 일이다. 그래서 시니어들은 누룽지 예찬을 한다.
 한국의 가마솥에서 만든 누룽지가 최고이고 듣는 것만으로도 입안이 구수하다. 마음씨 착한 시골 아저씨 같고, 양보와 배려와 그리고 사랑이 누룽지 속에 가득 차 있어 한 그릇 먹고 나면 낯 뜨겁고 민망한 일들이 자연스레 녹아내리는 기분이다.
 시골의 무쇠 가마솥의 누룽지는 온 동네에 구수한 향기를 풍긴다. 그래서 시골은 인심이 좋고 마음씨가 넉넉한 모양이다. 내가 어렸을 적 많은 식구가 둥근 상에 둘러앉아 밥을 먹을 때는 엄마의 빽이 있어야 누룽지 밥 차례가 왔었다. 숭늉을 마시면 커피 생각이 싹 사라지고 운동하고 나면 머리 아픈 것이 확 사라지니 얼마나 신통하고 감사한 일인가.

어머니를 생각하면서 누룽지 밥 한 그릇을 비우고 마루 한구석에 쌓아놓은 화장실 카펫을 비닐에 둘둘 말아 차에 실었다. 코인 런드리로 가기 전 피트니스로 달렸다.

거르지 않고 날마다 운동하겠다고 다짐해도 제대로 실천이 안 된다. 일주일에 적어도 네 번 정도는 해야 하는데 말뿐이니 아쉬울 뿐이다. 주위를 둘러보니 벌써 꽤 많은 젊은이가 나와 운동을 하고 있다. 모두가 건강을 위해 피나는 노력을 하고 있는 것이다.

요즘 프리웨이는 여전히 자동차 전쟁이다. 죽을 줄 모르고 달리고, 추월 경쟁까지 벌어진다. 재미가 있는 건지, 남에게 과시하려는 건지, 스트레스를 풀려고 하는 건지, 도대체 운전 건강관리는 안중에도 없다. 아무리 체력관리를 한들 자동차 사고로 세상을 떠난다면 무슨 건강관리가 필요하겠는가. 출퇴근 시간이면 항상 긴장되며 마음을 졸인다. 문득 저들에게 구수한 숭늉을 한 대접씩 대접하여 마음을 진정시켜 주고 싶다.

이곳이나 한국이나 사람 사는 곳에는 대화와 타협, 양보와 배려가 존재하는지 묻지 않을 수 없다. 정치권의 대결, 노사관계, 교회 등 분쟁이 있는 곳에 구수한 누룽지의 향기가 풍긴다면 어떠한 어려운 문제라도 잘 풀릴 것만 같다. 십 년 이상을 같은 교회에서 같은 솥밥을 먹고 지냈는데 말 한마디 없이 냉정히 되돌아 떠나는 사람들, 모두가 고통을 함께 나누며 동고동락하며 기도 생활을 했던 사람들이다. 배려와 신뢰, 사랑 같은 것은 찾아볼 수 없고 어두운 그림자만 남는다.

쿼터를 한주먹 쥐고 빨랫거리를 넣었다. 비누 넣는 장소가 여기가 맞는지, 스위치가 잘 안 보인다. 이곳에 몇 번이나 왔는데도 어설프기만 하다. 런드리에는 많은 사람이 와서 열심히 세탁하고 있다. 오늘은 체격이 좋은 스패니시 남자들이 많이 보인다. 남자도 나이 들면 가사를 배울 필요가 있는 것 같다. 아내가 언제 갑자기 아파서 누울지 모르기 때문이다. 나도 같은 경우가 아닌가. 요즈음 남자들도 가사를 잘하는 것 같다.

세탁하는 남자들을 보면서 신선한 느낌을 받는다. 얼마 전 입으로 운전하는 사람에 대한 글을 쓴 적이 있는데 입으로 일하는 사람보다 땀 흘리며 몸으로 일하는 사람이 더 위대한 것 같다.

깨끗하게 빨래를 마치고 정리를 하고 나니 마음이 개운해진다. 노후에 느긋한 마음으로 집안일을 하는 것도 하나님의 은총으로 생각하자.

바람 부는 언덕에서 투석하고 있는 아내를 기다리며 하늘을 바라보고 누룽지의 향기가 넘치는 세상이 되기를 기대해 본다.

흐르는 세월을 붙잡는다고?

'세월'이라는 말이 나에게는 늘 슬프게만 들리는 것 같다. 세월은 잡을 수도 멈출 수도 없고, 어둠과 빛이 바뀌고 또 바뀌어 오고 간다. 침묵 속에서 왔다가 또 훌쩍 가버린다. 세월은 볼 수는 없지만, 가는 세월만은 빈 수레 굴러가듯 잘도 굴러간다. 때로는 유수와 같이 어디론가 흘러 흘러 훌쩍 사라져 버리기도 하고, 거북이처럼 느리다고 생각하다 보면 화살과도 같이 빠르다.

세월은 우리의 서글픔과 그리움을 감싸고 떠나가는 강물과도 같다. 돌같이 단단한 마음속에 새겨진 미움과 증오의 얼룩도 깨끗하게 지울 수 있는 마력도 가지고 있다. 세월은 쓰라린 역사를 기억하지 못할 땐 쓰라린 역사가 되풀이된다는 사실도 간과할 수 없다.

며칠 전 우리 교회 권사님 한 분이 하늘나라로 가셨다. 예리한 칼처럼 심술궂은 세월이 무자비하게 이 노부부의 사랑을 끊어놓고 말았다. 남편인 장로님을 홀로 두고 이생을 떠나셨다. 북받치는 감정과 멈출 수 없이 흐르는 눈물을 감추려 애써도 소용이 없다. 남미에서 사는 두 자녀의 가족과 동부에서 사는 닥내아들은 장례식이 끝나자 제 갈 길로 다 떠났다. 본인의 아픔이야 말할 것도 없거니와 어머니를 하늘나라로 보내고 아버지를 홀로 로스앤젤레스에 남기고 떠나는 자식들도 애련의 정을 금치 못했을 것이다. 아내를 떠나보낸 장로님은 얼마나 마음이 아팠을까. 어차피 인생이 살다 보면 언젠가는 누구나 한번은 겪어야 하는 아픔이라 하지만 노구의 몸으로 그가 홀로 살아갈 생각을 하니 옆에서 바라보는 내 마음도 편치가 않았다.

무한경쟁 시대에 어떨 때는 나를 제외하곤 모두가 적이 되어야 하고 너의 아픔이 나의 기쁨이 되어야 하는 삭막한 세상에서 주어진 운명의 길을 걸어가야 한다.

세월이 흘러 흘러 어디론가 가버린 뒤 사랑했던 사람이 그의 마음속에서 사라질 때까지 서글픔과 그리움으로 소리 없이 흔들리는 심장을 달래가며 흐느껴 울고 있을 것이다. 후회하지 않겠다고 다짐을 해 보아도, 울지 않겠다고 이를 악물어도 어디 마음대로 되겠는가. 고독의 강을 건너야 한다. 남은 사람이야 살아가야 할 것이 아닌가. '세월이 약이라고도 했다.

결국은 인생은 홀로 왔다가 홀로 가야 한다. 사람은 누군가를 한 번쯤은 죽도록 사랑해 본 적이 있을 것이다. 연애 시절 죽도록 사랑하는 사람과 헤어져 본 쓰라린 경험을 한 사람은 사별의 상처 못지않은 아픔을 느껴 보았을 것이다. 세월이 흘러가면 그 아픔도 자연 잊게 될 것이다. 이별의 아픈 상처를 치료하는 방법은 역시 하루속히 망각의 세계로 들어가는 것이 아닐까.

정연복 시인의 글 중에 〈꽃과 나〉라는 시가 있다.

> 세상에 없던 꽃이 생겨나듯이 이 땅에 없던 내가 태어났습니다. 시간의 흐름 속에 예쁜 꽃이 피어나듯 세월이 흘러감에 나의 생도 꽃 피어 갑니다. 한철을 살고 나서는 총총 떠나는 꽃같이 한세상 살고 나면 나도 흙으로 돌아가야지요…

만날 때가 있으면 헤어질 때가 있는 법이다.

사춘기의 어린 시절에 아이들이 부모에게 반항하는 것이 부모로부터 독립을 위한 생리적인 작용이라고 주장하는 학자도 있다. 젊었을 때 대부분의 현명하고 착한 부부들이 노년기에 와서는 서로 자기주장이 강해진다고 한다. 서로 이야기를 나누다 보면 잔소리로 오인되어 신경질적이며 고왔던 목소리가 한 옥타브씩 올라가는 횟수가 늘어가는 경우가 종종 발생한다.

상대방이 아무리 성인군자라 하더라도 감정 조절이 잘 안 되고 마음의 평안을 서로 잃어버리고 만다. 서로가 자기주장이 옳다고 느껴지는 모양이다. 서로가 부끄러워할 줄 알아야 한다. 아마 세월과 더불어 서로 헤어질 때가 가까웠으니 끈끈한 사랑을 좀 떨어뜨려 마음의 충격을 감소시키기 위한 조물주의 배려가 아닌가 생각이 들 때도 있다. 언젠가 세월이 부부 사이를 죽음으로 몰아갈 때 엄청난 상처와 아픔도 다소 줄여주기 위한 은혜라고 생각하니 이따금 벌어지는 부부간의 언쟁도 감사한 일이라고 넘기자.

　이제 홀로 남은 장로님은 부부 싸움을 하고 싶어도 할 수도 없다. 뭐니뭐니 해도 부부 싸움할 때가 좋을 때라는 것을 일깨워준다. 인간을 부정하는 사회에서 다시 한번 자기를 발견하고 앞으로 어떻게 살아야 할지 총체적으로 삶에 대해 깊은 생각을 했을 것이다. 21세기에 가장 중요한 것은 가족 관계라고 하였다. '사랑하는 사람의 손을 잡는 법도 중요하고 사랑하는 이의 손을 놓는 법'도 노년에는 배워야 할 것 같다. 사랑이 깊으면 깊을수록 헤어짐의 충격도 클 것이니 "당신을 사랑하기에 당신이 미워." 역설적인 사랑을 통해서 당신을 홀로 걸어갈 수 있는 훈련을 하는 것이다.

　세월이 어느 정도 지나면 장로님의 슬픔도 세월의 강물에 실려 어디론가 사라질 것이다. 한철을 살고 나서 총총 떠나는 꽃처럼 인간은 한 세상 살고 나면 흙으로 돌아가는 법, 키르케고르는 '인간은 삶에 불안을 가진 존재'라고 했다. 슬픔에 싸인 사람들에게 세월이 약이 되고 모래성이 되어 자유를 얻기를 바라는 마음 간절할 뿐이다.

큰 물결이 고요히

우리 부부는 수요일이면 친구 부부들과 로스앤젤레스 근교 태평양 연안에 자리 잡은 맨해튼 비치에서 걷는다. 새벽 골프를 치는 즐거움도 있지만, 이제는 바닷가를 걷는 것이 건강에도 좋고 더 즐겁다. 미국에 거주하는 한국 사람들은 맥도날드를 맥 다방이라고 농담 삼아 부르기도 한다. 만 보정도 걷기 운동이 끝나면 맥 다방에 모여 한자리에 둘러앉아 한가롭게 세상 돌아가는 이야기로 심심치 않다.

이따금 박장대소가 튀어나와 옆 손님들에게 미안하기도 하다. 걷는 것이 보약이라고 했는데 돈 안 들이고 건강을 지키는데 얼마나 좋은 일인가. 하지만 이른 아침에 프리웨이를 한 시간 정도 운전하고 해변가에 나가 걷는다는 것도 그리 쉬운 일은 아니다. 다행히 아내가 건강해져서 운전도 할 수 있으니 그 이상 무엇을 바라겠는가. 수요일 아침이면 으레 자기가 운전을 하려고 한다.

어떤 학자에 의하면 일주일에 20시간 운동하는 사람은 뇌졸중을

40%를 줄일 수 있고 심장마비는 50%를 줄일 수 있다고 한다. 남성 호르몬인 테스토스테론의 생성에 도움이 되며 스트레스 호르몬인 코티솔 수치를 감소시킨다고 하니 어찌 이 사실을 알고 나서 걷지 않을 수가 있겠는가.

지난해 아내는 모 내과로부터 폐경화증이라는 진단을 받았다. 6개월밖에 못 산다는 의사의 말에 말문이 막히고 가슴이 조여들었다. 지금도 그때를 생각하면 의사가 원망스럽고 가슴이 뛴다. 실존주의 철학에서 말하는 한계상황이 바로 이런 것인가. 학창 시절 때 철학개론 시간만 되면 생로병사니 고독이니 방황이니 하는 단어는 나에게 그렇게 절실하게 와닿지 않았다. 아마 항생제 과다 복용으로 인해 시티촬영에 나타난 현상으로 의사의 오진이 아니었나 생각이 된다. 정밀검사를 통해 우리 부부는 마음을 놓을 수가 있었다. 좌우간 이제 멀쩡히 회복되어 활동하며 함께 걸어가고 있으니 감사할 따름이다.

이런 사건을 통해 홀로 사는 법도 배우라는 하나님의 뜻이려니 생각하니 오진에 대한 분노도 용서하는 마음으로 바뀐다. 걷다 보면 두세 명씩 짝을 지어 걸어간다. 홀로 걸어갈 때는 가수 심수봉의 노래 '그때 그 사람'을 콧노래로 부르기도 한다. 언제나 말이 없는 그때 그 사람, 궁정동 박정희 시해 사건도 떠오르며 세월의 아쉬움도 느낀다.

서울에서 직장 생활을 할 때 버스를 타고 강남 방향으로 출근을 하노라면 제3 한강교를 건너야 한다. 그때마다 우연히 가수 혜은이의 〈제3한강교〉라는 가요가 흘러나온다. 한강을 바라보면서 혼자 즐거워하며 출근하던 추억도 잊히지 않는다. 누구에게나 사랑의 괴로움을 몰래 감추고 떠난 사람 못 잊어서 괴로워하는 경우가 있을 것이다. 노인이 될수록 거울도 한 번 더 보고 얼굴 화장도 하며 옷맵시는 물론이고 자신을 한 번이라도 더 돌아보아야 할 것 같다. 말투나 고집 등 자기를 관리하는 데도 신경을 쓸 줄 알아야 되겠다. 아무튼 나만이 알고 있는 추억을 간직하고 힘차게 사는 것이다.

같이 걷는 친구들의 대화는 주로 예능 프로에 관한 이야기를 나눈다. 어떨 때는 무슨 프로를 이야기하는지 전연 모르겠다. 텔레비전 채널의 권한을 아내에게 빼앗긴 지 오래다. 그때는 나는 슬그머니 건강에 관한 이야기로 화제를 바꾼다. 모든 사람에게는 누구나 내적 치료의 효능이 있으며 누구나 자신의 내부에 의사가 있다는 알버트 쉬바이처 박사의 말을 들이댄다.

인체는 60조 이상의 세포로 구성되고 그 종류만 해도 200가지가 된다. 인체 내 세포 속에 에너지 생산 공장 격인 미토콘드리아를 통해서 에너지를 공급함으로 몸에 면역성을 강화하므로 모든 질병을 막을 수 있다고 한다. 면역성만 강화되면 암세포 퇴치도 문제가 안 된다고 목청을 높여본다. 이렇게 이야기하면 친구들은 내가 꽤나 의학 상식이 많은 것으로 착각한다.

나는 지금 해변가에서 음이온을 마음껏 마시며 상념에 싸여 바다 저편 지평선을 바라보며 걸어가고 있다. 내 마음도 고요하다. 만약 당신의 배우자가 6개월밖에 못 산다는 의사의 진단이 나온다면 어떻게 할 것인가. 정말 다행인 일이다. 오진이라니 오진이 나를 살렸어. 세상에 진리만이 능사가 아니구만. '있을 때 잘해' 이런 노래가 있지. 돈도 사람도 사라지면 아무 소용이 없지 않은가. 부부 중 한 사람이라도 아프면 둘 다 환자가 된다. 정말 힘겨운 일이다. 저 넓고 높은 태평양 바다 위에는 수천 마리의 갈매기 떼들이 그들의 새 지도자를 만났는지 사열을 하는 모양이다. 쉬지 않고 힘차게 날고 있다. 어디서 저런 힘이 나올까. 나에게도 그 힘을 주었으면…. 그들도 색깔을 구별한단 말인가. 따로따로 노는 것을 보며 참으로 희한하다. 자갈과 모래가 섞어져야 세상이 튼튼해질 텐데. 부부 둘이 있을 때 잘해.

투석이 시작되다

　아내는 폐경화증이라는 오진을 받은 후 건강이 회복되어 몇 년이 훌쩍 지나갔다. 또 다른 담당 주치의는 항상 명랑하고 얼굴에 웃음을 잃지 않는 분이다. 혈액 검사 결과를 보고 늘 "이 정도면 아직은 괜찮아요."라며 긍정적으로 환자를 즐겁게 해주시는 분이다. 늘 피곤을 느끼며 오후만 되면 기진맥진해서 몸을 못 추스르는 아내는 병원엘 다녀오면 마음이 편하고 기분이 좋은지 그럭저럭 힘들지만 견디면서 지내왔다. 몸에 별 특별한 증상이 없으니 70대 노년이 되어가는 증상이겠지 하고 넘겨 버렸다.
　혈압은 약을 먹으면 정상이니 신경 쓸 필요가 없었다. 혈당도 정상이다. 피곤을 피해 보려고 주위 사람들의 권유로 각종 영양제를 먹어 보기도 했다. 그러나 소용이 없었다. 오늘도 정기검사를 받는 날이라 종전과 다름없이 병원을 방문했다. 이번에는 주치의가 혈액 검사 결과를 유심히 들여다보더니 갑자기 신장 내과에 한번 가보라고 했다.

다음날 소개받은 K신장 내과를 방문했다. 혈액 검사서 사본을 보여주었다. 컴퓨터로 등 뒤쪽을 검사하더니 다짜고짜 만성 신장염이니 피를 거르라고 한다. 느닷없이 피를 걸러야 한다고 하니 아내는 기절할 지경이다. 의사의 무뚝뚝한 자세에 언짢을 정도가 아니라 새파랗게 질려 말문이 막혔다. 온몸이 얼어쿨는 느낌이다. 옆에서 거들어주던 나 역시 두려움 속에 앞이 캄캄해졌다. 남의 일로만 멀찍이 들려오던 메아리 소리가 우리 부부에게 현실로 울려 퍼지는 순간이다. 무언가 가슴속을 짓누르는 것만 같았다.

가까스로 마음을 진정시켜가며 우리는 집으로 돌아왔다. 야속하기 짝이 없었다. 주치의가 신장 기능의 5단계 설명을 해주고 현재 크레아티닌 수치가 얼마이니 음식을 조심하라고 한마디만 해주었더라도 음식을 가려 먹으며 신장에 대한 상식을 미리 공부했으련만. 수많은 시간을 무방비 상태로 세월을 보낸 것이 더욱더 아쉬웠다.

혈액검사 결과를 보고 크레아티닌 수치를 확인하면 신장 기능의 상태를 능히 알 수가 있고 환자에게 설명했어야 할 것을 만시지탄이 있을 뿐이다. 신장 내과 의사는 환자가 이해할 수 있도록 차분하게 설명해 주어야 하지 않은가. 참으로 안타깝고 원망스럽기만 하다.

크레아티닌 수치가 얼마기 때문에 신장 기능이 얼마 정도 남았으므로 지금 상태에서 미리미리 동정맥 수술 준비를 해서 두 달 후 정도 되면 팔에 투석하면 환자에게 편하다고 의사가 환자에게 설명해 주었더라면….

겁에 질린 아내는 피를 거른다니 듣기조차 망측스러운지 성급히 상담을 마무리한 후 병원 문을 나섰다. 일주일에 세 번, 한 번에 4시간 이상 투석을 해야 한다니 얼마나 충격적인 일인가.

며칠 후 UCLA Medical Center의 신장 전문의를 찾아갔다. 역시 결과는 위험 수위까지 올랐다고 한다. 환자의 몸 상태로 보아 혹시나 수치가 떨어질 것 같아 차일피일 시간을 늦추면서 복용하던 비타민 종류 일체를 중단했다. 몇 달이 지나도 수치는 오르기만 했다. 의사의 말을 100% 믿기도 어렵지만 안 믿을 수도 없는 노릇이다. 선택은 오직 증상을 가장 잘 아는 환자의 몫이다. 의사는 의학적인 데이터로 환자의 방향을 잡아주어야 하거늘 우리는 기회를 놓친 것 같다. 결국은 세터러 수술로 목에다 투석을 시작하게 됐다. 4월 1일부터 시작했으니 이제 2주째가 되어간다. 주위의 말대로 처음이라서 그런지 본인은 무척 힘들어한다. 우리는 지푸라기라도 잡고 싶은 심정이다.

올해 일기 첫 장에 써 놓은 나의 글이다.

가슴을 펴라 얼굴이 밝아진다./ 혼자라도 잘할 수 있지/ 크게 웃어라/ 그리고 기도하라/ 이웃을 돌보라/ 꿈은 영원히 오늘을 끈질기게/ 영원히 살 것처럼 꿈꾸고/ 오늘 죽을 것처럼 살아가자.

이렇게 써놓은 글이 오늘은 유난히 내 마음을 뒤흔든다. 언젠가는 부닥칠 인생이지만 큰 물결이 나에게도 온 것이다. 투석은 화목 토 하루에 4시간을 한다. 아내나 나나 안타까운 것은 마찬가지다. 아내의 깊은 한숨 소리가 내 가슴을 더 찢어놓는다. 새는 울어도 눈물이 없고 사랑은 불타도 연기가 없다고 했다. 눈물도 연기도 없이 내 속은 썩어간다. 자 이제 당황하지 말고 의연한 자세로 대처해 나가자. 인생이란 다 그런 거라고 했지 않았던가. 마음의 풍파를 이겨내자.

자 … 이제부터 큰 물결이 설레는 어두운 바다를 항해한다. 큰 풍랑이 이 배를 위협하며 저 깊은 물 입 벌려 달려드나, 이 바다에 노 저어 항해하는 주 예수님이 이 배에 사공이라. 나 두렴 없네. 두렴 없도다. 주 예수님 늘 깨어 계시도다. 이 흉흉한 바다를 다 지나면 저 소망의 날에 이르리라.

오늘은 유난히 이 찬송이 내 가슴에 와닿는다.

노후의 요리

'임 없는 밥은 돌도 반, 뉘도 반'이라는 속담이 있다. 남편 없이 혼자 지낼 때는 먹는 것에 정성이 들지 않아 잘 먹지 않고 산다는 뜻이다.

TV 앞에 앉았다 하면 셰프들이 음식 만드는 채널을 트는 아내는 요리와 사랑에 빠진 지 오래다. 나는 한국 정치 뉴스에 정신이 팔려 있다. 정치가 좋아서가 아니라 나라가 걱정돼서 그런 거 아닐까. 변함없이 오늘도 아내의 투석 시간은 다가온다. 하루걸러 투석하다 보니 매일 투석하는 기분이다. 당사자는 얼마나 힘들까. 본인 말은 하루만 고생하면 다음 날 하루는 편안한 생활을 할 수 있지 않은가. 매일 통증에 시달리는 사람에 비하면 얼마나 행복한가. 나 스스로를 위로하며 버텨나간다. 역시 신앙의 힘이 큰 버팀목이 되어주는 것 같다.

"여보, 우리 앞으로 투석하러 간다고 하지 말고 운동하러 간다고 합시다."

"그거 좋은 생각이네요."

아내가 맞장구를 쳐준다. 잠시 후 운동 준비를 해놓고 나는 〈다비타〉를 나왔다. 새벽공기는 역시 맑다. 살 것 같다. 모두 지쳐 누워있는 모습을 보고 있노라면 정말 딱하고 맥이 빠진다. 늘 따뜻했던 로스앤젤레스도 겨울은 겨울인가 보다. 뺨에 스치는 아침 공기는 차갑기만 하다.

새벽 6시가 다 되어도 태양은 잠들어 있는지 지나가는 자동차 불빛만 번쩍이고 시야는 어둡기만 하다. 아마 동지섣달 깊은 잠자리에 있는 아이들이 엄마가 어서 일어나라는 외침도 못 들은 척 꼼지락대며 따뜻한 이불 속에서 바스락대는 어린아이들처럼 태양은 아직도 이불 속에서 체온을 즐기고 있는 모양이다.

'다비타'로 가는 도중에 아내가 느닷없이 "여보 이제 몸이 어지간하니 내가 운전하고 갔다 올 터이니 당신 아침에 실컷 자구려. 나 때문에 잠도 못 자고…."라며 미안한 어조로 말을 한다. "아이, 무슨 소리야, 말도 안 되는 소리! 내가 뭐 하는 게 있어. '다비타'가 집에서 가까우니 얼마나 다행이야. 같이 왔다 갔다 하는 것으로 당신을 위로해 주는 일밖에 내가 할 수 있는 일이 뭐가 있겠어."라면서 내가 즉시 대답하였다.

투석하는 날 몹시 지친 아내는 온종일 힘들어한다. 속이 메슥거려서 초조해하며 안절부절못한다. 지금까지 신장 전문의는 통쾌한 해답을 내놓지 못하고 있으니 우리는 그저 마음만 안타까울 뿐이다. 아내를 병원에 뉘어놓고 '아내가 오늘은 좀 괜찮았으면 좋겠다.'라는 바람을 안고 피트니스로 향했다. 마음을 가다듬고 열심히 뛰면서 기도하였다. 온갖 잡생각 다 저버리고 오직 "하나님, 아내를 고쳐주세요, 고쳐주세요." 반복 후렴을 붙여 떼를 쓰면서 '중얼기도'를 했다.

얼마를 뛰다 보니 온몸이 가벼워진다. 한참 뛴 것 같은데 15분밖에 되지 않았다. 하나님 Impossible이 I'm possible로 점 하나 찍고 한 칸 띄우면 기적이 일어날 것이 아닙니까. 언젠가는 해주시겠지요. 앞만 보고 뛰어간다. 시간은 잘 안 간다. 창밖은 밝아 온다. 이제 숨이 차다. 30분 정도 뛰었을까 땀이 온몸에 촉촉이 젖어온다. 기분이 찜찜하면서도 상쾌하다. 가슴이 절로 펴지고 기운이 솟아나는 것 같다.

이제 나는 아침 식사를 위해 어디론가 가야 한다. 맥카페에서 양식을 할 것인가, 집에 가서 마켓에서 사다 놓은 남은 팥죽을 먹을 것인가. 이렇게 스스로 먹을 것을 정해야 하고 찾아야 하는 상황은 거의 없었다. 자랑도 아니고 바보도 아닌, 그냥 그렇게 살아왔다.

직장 생활에서도 동료가 어디 맛있는 것 있으니 먹으러 가자고 하면, 야 아무거나 먹지 그 먼 곳을 뭐 하러 가냐고 핀잔을 주었다. 그러니까 어디 가면 맛있다는 소문을 들어도 맛있는 곳을 찾아간 적은 평생에 거의 없는 것 같다.

어머니가 해주는 대로, 아내가 해주는 대로 짜고 맵고 문제가 안 되었다. 싱거우면 소금 타고 짜면 물 타고 일단 음식 놓고 상 앞에서 이러쿵저러쿵 잔소리는 한 적도 없다. 아마 어렸을 때 점심 식사 시간에 할머니가 뭘 잘못했는지 할아버지가 밥상이 날아가는 것을 본 적이 있다. 그래서 그럴까 아니면 타고난 성품일까. 아무튼 그런 습관이 생겨났다.

젊은 시절 캠핑 갔을 때도 찌개 잘 끓이는 친구가 있어 요리 근처는 가보지도 않았고, 군에 입대해서는 전방 소대장이어서 중대 인원이 160명이나 되는데 음식을 만들 기회단 전혀 없었다.

지금도 따가리에다 더덕 요리를 정성껏 만들어온 김 일병 전령을 잊을 수가 없다. 고향이 춘천이라 하더구먼. 사회 나와서야 수출 드라이브 정부 정책에 편승한 각 무역회사는 비상이 걸려 물건 하나라도 외국에 수출하느라 쫓기다 보니 아내가 해주는 밥 먹고 다녔으니 무슨 요리를 스스로 만들겠는가. 우리 세대는 아내가 집에서 살림했으니 그럴 수밖에 없었으리라.

옛날 어른들은 남자가 부엌에 들어오면 조잡스럽다고 핀잔을 주면서 내쫓았다.

어느 여자든 그렇겠지만 아내는 자기 수고를 통해 요리를 잘 만들어서 남편을 행복하게 하고 그 모습을 보면서 본인도 행복을 느끼는 것 같다. 그러니 정성껏 해놓은 음식을 탓하는 바보가 어디 있겠는가. 요리를 만든다는 것은 글쓰기와 같은 창작 문학이 아닌가 생각이 든다. 요리는 만드는 것이 아니고 그리는 것이라고 드라마 ≪대장금≫에서 '한상궁'은 '장금'에게 말한 것이 기억난다. 그렇다. 요리를 만든다는 것은 사심과 이기심이 없는 창작품으로 모든 사람을 행복하게 해주는 선물이기도 하다. 집으로 차 방향을 돌렸다. 집에 가서 아침을 때우자.

　아내가 냉장고에 찾기 좋게 놓아둔 먹다 남은 팥죽을 꺼내 따듯하게 데워서 맛있게 먹었다. 앞에 놓여 있는 펜문학상 수상식 때 받은 축하 화분에 활짝 피어있는 분홍 색깔의 꽃은 환하게 웃고 있다. 자네는 아직도 씽씽하구먼. 설거지를 하면서 아아… 노후에 음식을 스스로 만들어 홀로 먹는다는 것이 정말 보통이 아니라는 것을 느꼈다. 노후에 집안 살림은 필수적이고 요리까지 만든다는 것은 노후 대책 중 하나이며 필수적인 것이 아닌가 생각된다.

　나도 이 시간 이후부터 맛있는 요리를 스스로 만들 수 있는 노인이 되어 보자. 묵은해를 보내고 새해를 맞이하면서 한번 결심해 볼 만하지 않는가.

팔순 초청장

'팔순'을 '산수'라고도 한다. '축 수연'이란 말은 보통 환갑잔치 때 장수를 축하한다는 의미로 사용되었다. 옛날에는 수명이 짧아 60년만 살아도 축하를 받았다. 그런데 지금은 의학의 발달과 건강관리 덕분으로 평균 수명이 상상외로 길어졌다. 지금은 80세 잔치 때 장수를 축하하는 적당한 말이 없어 환갑 때와 같이 '축 수연'이란 말을 쓰거나 '축 팔순연'이란 단어를 같이 사용하는 것 같다.

구약 성서를 보면 몇백 년을 산 사람들이 수두룩하다. 그와 비교하면 긴 세월은 아니지만 팔순도 그렇게 짧은 세월은 아닌데 자연의 순리가 그대로 놓아두지를 않는다. 노아 홍수 이전에는 물막이란 것이 지구를 둘러싸고 있어 태양으로부터 자외선을 직접 쏘이지 않아 수명이 길었다는 이야기도 어렸을 때 교회에서 들은 적이 있다.

30여 년 전 미국에 이민 와서 모처럼 동창회 송년회 모임에 참석했던 기억이 난다.

송년회가 진행되는 중에 느닷없이 그해 80세가 되신 대 선배님의 팔순 및 금혼식이 거행되는 것이었다. 당시 40대 초반인 나에게는 80이란 숫자는 정말 멀고 먼 세월이라고 생각되었다.

그런데 눈 깜짝할 사이에 나도 그 비슷한 모양새로 팔순 축하연 초청장을 받게 되니 감회가 새롭고 태양이 지구를 너무나도 혹사하는 느낌이 들게 한다. 무엇을 잘못했길래 지구는 말없이 쉬지도 못하고 밤낮 가릴 것 없이 돌아가는 것일까. "태양아 나 좀 멈추게 해다오, 아니 형님 나 좀 멈추게 해주소." 애걸복걸해도 아랑곳없이 쉬지 않고 태양은 신병훈련소의 매서운 교관처럼 지구훈련병을 사정없이 빠른 속도로 돌리고 있다. 그러니까 80년이면 29,200번이나 돌아간 셈이다. 돌린 놈이나 돌아간 놈이나 29,200번이란 숫자는 대단하지 않은가.

"태양아, 이왕이면 3,650번 더 돌려서 짝꿍 '팔순 축 수연'에도 참석하게 해다오."

팔순을 맞은 당사자야 무슨 말을 하겠는가. 자식들은 "아버님은 극구 사양하시고 집안에서 가족끼리 만의 오순도순 보내려고 했으나 저희 자녀들이 뜻을 모아 이렇게 자리를 만들었습니다."라고 축하객들에게 인사를 한다.

당사자 처지에서도 부끄럽지 않게 살아온 과거를 회상하면서 장수에 감사하며 가족과 여러 친지가 한자리에 모여 음식을 나누며 즐거운 시간을 갖는 것이 얼마나 기쁜 일인가.

자연의 사계절에도 청춘 같은 봄은 있는 듯 없는 듯 확 지나간다. 찌는 여름과 혹한의 겨울은 지루하게만 느껴진다. 인생의 사계절도 젊음은 어느새 어디론가 사라지고 병고와 고독고에 시달려야 하는 노년에는 어려움과 고통 속에서 지루하게 삶을 보내야 한다. 누구나 똑같이 느끼는 것이련만 지난 세월을 돌이켜 보면 너무나도 짧은 인생이었다. 그러기에 남은 삶이 더욱 소중하리라.

　가을이 성큼 다가왔다. 머지않아 한국의 내장산에는 울긋불긋 단풍이 절정에 다다를 것이다. 곧이어 싱싱하고 젊었던 이파리들은 낙엽 되어 어디론가 사라져갈 것이다. 가을 산이 예쁘게 변하듯 우리 인생의 가을도 혹한의 겨울이 오기 전에 아름답게 물들여야 하지 않겠는가. 팔순이 다가오기 전에 나도 가을 단풍처럼 주위 사람들에게 행복감과 즐거움을 나눈다면 얼마나 아름답고 복된 일이겠는가 생각하게 된다.

　파릇파릇했던 인생의 봄은 아련한 추억일지라도 매서운 겨울이 오기 전, 변모해 가는 인생의 늦가을일지라도 한탄만 하고 앉아 있을 수는 없지 않은가. 순간의 소중함을 느끼며 머뭇거리지 말자. 목표를 세우라. 목표 없는 인간은 죽은 인간이다. 떠나는 열차에 몸이라도 실어 보자. 뜨거운 젊은이들이 밟고 간 맨해튼 비치 모래사장 위에서 그윽한 눈길로 태평양 수평선 끝이라도 바라보자. 책상 위에 놓인 팔순 초청장이 빙그레 웃으며 격려를 보내고 있다. 풍성한 나의 겨울을 만들고 인생의 연장전에 한판의 승부를 벌이길 다짐해 본다.

추석의 그림자

　오늘이 추석이다. 한국에서는 모두 들뜬 기분으로 마음도 몸도 분주할 것 같다. 어린 시절의 한국의 추석 분위기를 혼자 상상하면서 흘러간 사람들에 대한 사랑과 연민의 정에 빠져든다.
　이곳 로스앤젤레스 한인 타운에 있는 내가 출석하는 새한교회에서도 권사님들이 추석을 섭섭하게 보낼 수 없다고 송편과 부침개를 준비하여서 오늘은 점심 먹거리가 푸짐하다. 조용했던 교회가 모처럼 추석 기분으로 활기가 넘친다. 고희가 넘은 권사님들이어서 건강도 좋지 않은데도 사명감으로 풍성하게 먹을거리를 준비하다니, 정말 감사하다. 노 권사님들이 젊음을 되찾은 듯 발 빠르게 움직이는 모습을 보면서 추석 명절에 부엌에서 바쁘게 일하시던 어머니 모습을 연상한다.
　추석은 한가위, 중추, 중추절, 가배일이라고도 부른다. 음력 8월 15일 명절로서 설날과 더불어 한국인에게 가장 중요한 전통적인 명절이다. 미국의 추수 감사절에 해당된다.
　추석에는 가을 추수를 끝내고 풍성한 햅쌀과 햇과일로 조상께 감사의 차례를 지내고 성묘한다. 11월 넷째 목요일이 미국의 추수 감사절로 휴일이다. 이 날에는 가족끼리 모여서 파티를 열며 칠면조 고기를 비롯해 여러 음식을 만들어 먹으면서 이야기를 나누며 하나님께 감사하며 보낸다.

어린 시절 추석날 아침, 할아버지 할머니의 차례를 지낸 후 온 식구가 한 상에 둘러앉아 식사를 하는데 부친과 친척 어른들이 식사하면서 대목을 잘 보았다는 둥 시종일관 장사 이야기만 했다. 수준 높은 이야기로 표현한다면 마케팅이다. 청계천 6가에 자리 잡은 평화시장은 의류도매상으로 50년대 60년대에는 지방 도시 상인들이 모두 상경해서 도매가격으로 물건을 구매해 갔다. 고객에 대한 이야기, 판매 수익 등 이야기는 끊일 줄을 모른다. 옆에서 듣고 있던 나는 장사 이야기가 별로 재미가 없었다. 그 외 가족은 서로 밀렸던 지난 이야기를 하느라 온 집안은 떠들썩하다. 그런데 미국에 이민 와서 장사를 하다 보니 형제들끼리 만나기만 하면 그저 장사 이야기가 저절로 나온다. 왜냐하면 모두가 장사를 하기 때문이다. 세월이 강물처럼 흘러가다 보니 이제는 장사 이야기도 할 수 없는 처지가 되었다. 모두가 아쉬운 지난날의 추억이 되고 말았다. 두 형제는 이미 돌아오지 못할 강을 건넜고 남은 이들은 모두가 머리에 염색을 해야 될 나이가 됐으니 말이다. 어린 시절에 추석만 되면 아버지가 장손이라 작은아버지들과 사촌 형제들이 모두 큰집인 우리 집으로 모인다. 완전히 도떼기시장이 되고 만다. 떠들썩한 집안 분위기는 보지 않아도 가히 짐작이 간다. 가족들 간에도 국가와 같이 빈부의 차가 있으며 상황이 다르다 보니 모두에게 고루고루 비위를 맞추고 그들의 마음을 격려하기란 그리 쉽지가 않은 것 같았다. 어머니는 그것을 하려고 무척 애를 쓰셨다. 사람을 차별 없이 고루고루 인격을 존중하는 것이 리더십의 일부분이 아닌가. 쉽게 말해 개개인의 비위를 잘 맞추신다. 사람이 공짜로 생긴 것도 남과 비교해서 남보다 적으면 불평이 먼저 나오게 마련이다. 받은 것에 감사보다는 남보다 적은 것만 생각한다. 이것이 소위 상대적 가치관이라 한다.

 감사하는 마음을 가져야 행복이 온다는 것을 인간은 종종 망각한다. 제사가 다 끝나고 각자 집으로 돌아갈 때는 어머니는 일일이 한 사람 한 사람 각자에게 음식과 과일 등을 챙겨 한 보따리씩 쥐여 보낸다. 당시는 모두가 살기가 힘들고 먹는 것도 마음대로 먹지 못했던 시절이었다. 아버지는 자신이 장남이라 동생들을 비롯하여 모든 가족을 돌보아야 할 책임은 자신의 몫이라고 생각하셨던 것 같다. 모두 돌아간 후 텅 빈 집안은 쥐 죽은 듯 고요하다. 그러나 뒤처리는 어머니 몫이다. 어머니가 힘들어하는 모습을 보면 나도 화가 나고 안타까워 그저 옆에서 어머니를 도왔다. 어머니는 화가 나면서도 "이렇게 사람 꼬일 때가 좋은 거란다."라시며 열심히 치우신다. 그런 생활 끝난 지가 수십 년 지났고 모두가 추억이 되고 말았다. 그것이 사람 사는 거지. 지나가 버린 시간은 모두가 아름답다. 미국으로 건너온 후부터는 그런 추억은 찾아볼 수가 없다.

 미국 생활 수십여 년이 훌쩍 흘렀다. 사랑하는 부모님도 멀리 가시고 세월은 무자비하게 모든 것을 바꾸어 놓았다. 바람도 아닌데 세월은 내가 가지고 있는 아름다운 모든 꽃잎을 떨어뜨렸다.

미국에서 한국 추석을 지킨다는 것이 그리 쉬운 일은 아니지만 그래도 한국 타운에 위치한 한국 마켓에는 추석 준비를 하는지 여느 날보다 주차장은 붐비며 마켓 안은 손님들로 북적거려서 카트를 끌고 갈 수가 없을 정도다. 손님들이 시장을 보느라 정신들이 없다. 미국에 살면서 추석을 한국에서처럼 보낸다는 것은 참으로 의미 있는 일이지만 아이들도 만나기 힘들고 모든 상황이 여의치가 않다. 하지만 보름달만은 예나 지금이나 한국이나 미국이나 변함이 없다.

옛날 송강 선생의 사랑하는 연인을 사모하면서 쓴 시 한 수가 생각이 난다. 추석날 보름달을 바라보면서 고운님이 보고 싶어 쓴 시인 것 같다. 송강도 고운님을 꽤나 보고 싶었던 모양이다.

"내 마음 도려내어 둥근달 만들어서 구만리 높은 하늘 덩그러니 걸어놓고 고운 님 계신 곳에 비췄으면 싶구나."

나에게 슬그머니 엄습해 오는 외로움에 싸여 지난날의 온 가족과 오순도순 지내던 추석의 장으로 가고 싶은 마음에 사로잡힌다. 그것은 그림자일 뿐 잡을 수가 없다. 모든 식구들의 생생한 목소리가 들려온다. 훌쩍 왔다 훌쩍 가버리는 추억의 그림자라도 붙들고 싶다. 세상에 세월을 뒤로 움직일 자 누구랴. 세월을 거꾸로 되돌려 내 마음 도려내어 보름달 만들어서 저 서울 하늘 드높이 덩그러니 걸어놓고 지난날 추석의 그림자라도 구석구석 보고 싶구나.

운전면허 도전기

젊었을 때 친구들끼리 우스갯소리로 사람의 두 다리를 11호 차라고 불렀다. 노인이 되면 11호 차들이 모두가 시원치가 않다. 엄지발가락 끝부분에 '멜라노마'라는 피부암으로 수술을 받아보니 얼마나 걷기가 불편한지 장애인들의 심정을 새삼 느낄 수가 있었다. 거의 6개월 동안이나 자유롭지 못했다. 사람이 두발을 가지고 한 걸음 한 걸음 걸을 수 있다는 것이 얼마나 행복한 것인지 다시 한 번 느꼈다.

뉴욕이나 서울 같은 대중교통이 발달한 대도시에서는 11호 차만 있으면 걱정이 없지만 캘리포니아 로스앤젤레스 같은 곳은 11호 차 외에 기동을 위하여 좋든 나쁘든 자동차를 소유해야 시장도 볼 수 있고 하루의 일과를 마칠 수가 있다. 그런가 하면 은행의 계좌도 개설하고 돈을 인출할 때나 신분을 확인할 때 운전면허증을 소지한다는 것은 미국 생활의 필수적인 요건이다. 어느새 나도 고령으로 접어들다 보니 면허증 갱신 문제가 또 하나의 고민거리로 대두된다.

35년 동안 미국에서 살아오면서 5년마다 한 번씩 면허증 갱신 때가 되면 운전 면허증은 자동으로 우편으로 날아왔다. 70세 때부터는 갱신된 면허증을 발급받기 위하여 DMV에 가서 눈 검사와 필기시험을 치러야 한다. 곤욕스러운 일이다. 다행히 5년 전에는 별 어려움 없이 눈 검사와 필기시험에 합격하여 며칠 후에 우편으로 새로운 면허증을 받았다. 그때가 엊그제 같은데 어느덧 또 5년이 지났다. 무서운 것이 세월이라더니 세월이 이렇게 빠르게 갈 줄은 몰랐다. 나는 다시 한번 놀라지 않을 수가 없었다.

이번에는 한 살이라도 더 먹었으니 한층 더 눈 검사가 까다로울 것이라는 것을 예상했다. 다행히 UN 본부에서 중년의 한계를 79세로 정했고, 노인의 규정을 80세 이상으로 했으니 심적으로 천만다행이구나라고 중얼거렸지만 과연 DMV에서 나를 중년으로 인정해 줄까가 문제이다. 운전면허 갱신 통보를 받자마자 종전 방법대로 한인 업소록 전화부 뒷면에 첨부돼있는 운전면허 시험문제를 모두 발췌해서 전과 동일한 방법으로 공부를 했다. 열심히 모두 이해하고 외웠으니 패스를 못 하리라는 것은 전연 생각할 수가 없었다. 자신만만히 DMV의 대기소에서 내 번호만 부르기를 학수고대하며 대기 번호판을 주시하며 기다리고 있었다.

5년 전에는 창구 여직원의 머리가 노랗게 물들여져서 머리칼이 아름답다고 칭찬을 해주었더니 기분이 꽤 좋았던 모양인지 만면에 미소를 지으며 눈 검사를 잘 마쳤고 시험도 한 번에 합격했다. 그때 그 추억을 더듬으며 기다리는 순간 내 차례가 되었다. 다행히 좋은 눈부터 시작했다. 군대식으로 혈기 왕성하게 대답을 정확히 했더니 눈 검사는 무사히 통과됐다. 이제 됐구나 하는 안도의 숨을 쉬고 직원의 지시대로 필기시험장으로 갔다.

시험 문제를 보았더니 이게 웬일인가. 교통신호 표시판은 다 맞추겠는데 시험문제 중 몇 개는 아무리 보아도 낯선 문제이다. 도저히 아리송해서 풀리지 않는다. 한국어 문제인데도 자꾸 혼돈이 온다. 그래도 설마 하고 답안지를 제출했다. 잠시 후 결과가 나왔다. 불합격…. 정말 자존심 상하는 일이 벌어진 것이다.

남들이 어렵다고 하는 시험도 노후에 합격한 내가 운전면허 시험에 불합격이라니 말도 안 되는 일이 아니라며 혼자 중얼거리며 치밀어 오르는 화를 진정시키며 다시 보겠냐는 직원의 질문에 그렇게 하겠다고 대답하고 다시 문제를 받아 들었다. 역시 낯선 문제 출현으로 무거운 짐만 지고 가는 나그네 신세가 되고 말았다. 정말 민망한 일이었다. 뭐가 그리 급하다고 좀 참지. 홧김에 서방질한다더니….

결국 한 시간도 못 되는 시간에 허락된 3번 중에서 2번을 치른 셈이 된 것이다.

시험관이 씽긋 웃으면서 저쪽에 가면 운전시험 교재가 새로 나온 것이 있으니 그것으로 공부하라는 힌트를 주었다. 상기된 기분으로 '드라이버 핸드북' 자료를 얻어서 들고나오다가 젊은 학생을 만났다. "아, 이거 장난이 아닌데요. 제가 한국에서 공부를 깨나 하는 편인데…."라면서 자기는 떨어졌다고 했다. 후에 알고 보니 한 달

전에 법규 개정으로 시험문제가 일부 바뀌었다는 것이다.

  며칠 동안 새로 입수한 핸드북을 가지고 틈틈이 읽었다. 세 번째 불합격이면 일거리가 복잡해진다. 며칠 후 자신만만히 세 번째 도전하여 새로운 면허증을 받았다. 문제가 바뀐 줄도 모르고 준비 없이 도전한 것은 정말 무모한 짓이었다는 것을 뒤늦게 깨달았다. 지난해 11월, 12월에 시험을 치른 사람 중에는 나 같은 경우를 경험한 사람이 꽤 많은 모양이다.

  모 일간지에 '70대 시니어의 운전면허 도전기'란 글이 발표되자 작가이신 Y 여사는 장로 작가만이 발표할 수 있는 글이라고 칭찬해 주신다. 저의 간증이지요 하고 웃어버렸다. 이제 후련한 마음으로 인생의 프리웨이를 넘어 사무실로 향하니 며칠 쌓였던 스트레스가 확 날아가 버리고 5년 동안은 자유롭게 다닐 수 있으니 얼마나 행복한가.

chapter 2

축복받은 여행

그린 밸리의 단상
축복받은 여행
7월의 회상
내 고향의 산
하와이 여행
손자에게 주고 싶은 덕담
낙엽이 우수수 떨어질 때
울 엄마의 마음
어머님 제삿날
포기할 줄 아는 지혜

그린 밸리의 단상

아내의 고희가 지난 지가 벌써 한 달 남짓 됐다. 아이들이 엄마의 70세 생일을 축하 기념하기 위해 나름대로 신경을 쓰는 모습이 보기가 좋다. 엄마 아빠 둘이서 크루즈 여행이라도 다녀오라고 끌탕을 하는 아이들의 성화에도 불구하고 아내는 자꾸 여행을 미룬다. 한국에서는 메르스 전염병으로 난리 법석이고 131,957 ㎢의 면적을 가진 그리스 국가에서는 디폴트로 세계 경제가 안개 속에서 헤매고 있는데 무슨 여행이냐며 당분간 다음으로 미루자고 고집한다. 모두가 불안한 상황 속에 병원에서는 사람이 날마다 죽어 나가는데 우리만 즐긴다는 것은 말이 안 된다고 한다. 물론 이런 사건들이 우리 여행과는 직접적인 관계는 없지만, 아내는 여행을 간다는 것이 좀 마음에 걸리는 모양이다. 다음 기회로 연기하자는 아내의 의견에 밀려 어쩔 수 없이 여행은 차일피일 미루어졌다. 이기심이 판치는 세상이지만 그나마 아내가 편린의 이타심을 가슴에 안고 산다는 것은 아내가 예수님 믿고 늘 기도 생활하면서 쌓은 신앙의 성숙함 때문이 아닌가 생각하며 나의 마음이 뿌듯하였다. 모두가 하나님의 은혜리라.

계속 메르스 환자의 감염으로 환자가 늘어난다는 뉴스가 들리고, 나의 바로 밑에 남동생 하나가 식도암으로 말을 못해 치료를 받는다는 소식이 들려왔다. 사람이 살면서 한시도 편안할 날이 없는 것 같다. 와중에 같은 교회 권사 한 분이 갑자기 세상을 떠났다는 비보를 들었다. 교회라는 곳이 다 모두 죄인들만 모인 곳인데, 어디 조용할 날이 있겠는가. 그러려니 해야지. 그런데 마구잡이로 자기 의견이 옳다고 고집하고 이편저편, 이쪽저쪽으로 편이 갈리는 데는 아연실색이다. 아무튼 교회가 하나가 되지 못하고 목회자와 장로를 사이에 두고 양분되어 어색한 모습들을 바라보면서 안타깝고 절로 서글퍼진다. 더 안타까운 것은 용서와 사랑으로 화합시키려는 내 모습이 줏대 없는 사람으로 비추어질 때이다. 사람이 서로 싸우다가도 용서와 사랑으로 다시 하나가 되는 맛도 있어야 하는데.

이건 끝이 안 보인다. 참으로 힘들다는 것을 느꼈다. 그러니 한국의 남북통일이 과연 이루어질까. 호텔 창밖 지평선을 바라보면서 마음속으로 질문을 던져 본다. 우리 부부는 한동안 여행을 미루다가 이곳에 도착해 여장을 풀고 지친 피로를 풀면서 조용히 묵상하며 하나님께 감사의 기도를 드린다. 지금 이시간이 가장 행복한 시간이라고 말했지.

차일피일 미루던 여행을 우리는 자동차로 일주일 여정을 계획하여 라스베이거스 도심에서 약 30분 정도 떨어진 사막 한가운데 푸른 녹지대에 위치한 한 호텔에 자리를 잡았다. 며칠 휴식하기에 안성맞춤이다. 심지어 수영장에는 인공 해변 해수욕장을 방불케 하는 백사장도 만들어 놓아 아이들은 비치에 온 기분으로 열심히 놀고 있다. 어딘가 떠나기로 한 것이 여기까지 온 것이다. 출발은 전날 착착 준비가 잘되어 아침 일찍 떠나는 데는 문제가 없었다. 그저 아내에게 즐거운 시간이 되기를 바랄 뿐이다.

바라건대 우리 부부가 세월에 밀려 거동이 어려운 나들이가 되지 않기를 바랄 뿐이다.

아직은 문제가 없다 하더라도 몇 년 후면 내가 지금 80대 노인들의 거동을 애처롭게 바라보듯 남도 나를 그렇게 볼 것이라는 생각을 하니 기분이 썩 좋지 않았다. 오늘이 가장 젊은 날이고 가장 행복한 날이요 오늘이 최고라는 말이 실감이 난다. 콧노래가 절로 나온다.

프리웨이는 토요일 아침이라 직장인들의 출근이 멈추어서인지, 모든 사람의 일손을 놓은 탓인지 차창 밖은 한가롭기만 했다. 보통날 답답한 운행과는 달리 차들은 기분 좋게 잘 달린다.

요즈음의 경제 상태가 이렇게 기분 좋게 뚫렸으면 좋겠다.

지금의 현상은 모든 분야가 안개 속에서 헤매는 느낌이다. 정치의 부패, 저성장, 양극화의 경제 위기, 종교의 갈등, 지역적, 민족적 이념 갈등 모든 것이 불투명하다. 문제점의 해법을 찾으려 해도 좀처럼 찾기가 어려운 모양이다. 모두가 지쳐 목표를 상실한 채 하루하루 표류를 거듭하고 있으니 말이다. 모두가 역동성을 상실하지 않았나 하는 생각도 든다. 삶에 찌들다 보면 건강의 덫에 걸려 모든 행동이 체념의 나락으로 떨어질 때가 있다고도 한다.

　남들은 나보고 이 나이에 사무실에 나가 뭔가 한다는 것이 얼마나 귀한 것이냐며 용기를 넣어준다. 진정 주위 사람들의 용기 부여가 내 가슴을 펴게 한다. 달리는 차 창 밖을 내다본다는 것은 행복하고 개운하다. 모든 번민과 고통을 잊을 수 있기 때문이다. 늙은이가 되면 설치지 말라고 하였다.

　"미운 소리 우는소리 헐뜯는 소리 군소리랑 하지 말고, 조심조심 일러주고 알고도 모른 척 어수룩하게 살라고 하였지. 큰소리로 사살하면 가까운 사람도 뒤로 물러선다고, 이기려 하지 말라고, 저 주시구려."

　창밖 저 멀리 수평선 끝, 라스베이거스 도심에 우뚝 서 있는 수많은 호텔을 바라보며 우리 부부는 아내의 고희 여행으로 즐거운 시간을 만끽하면서 다시 한번 감사함을 느낀다. 이제 머지않아 밤의 적막이 싫어 귀뚜라미 울어대는 계절이 오리라. 앞으로 살아가면서 얽힌 것 풀어주고 이웃을 사랑하며 살아가겠다는 마음의 다짐을 또 한 번 해본다.

축복받은 여행

어떤 여행이 축복받은 여행일까. 이번 여행은 아내가 불편한 몸으로 동행하는 것이라 더욱 감회가 깊다. 여행이라기보다 휴가라고나 할까. 지난날을 회상하며 충분한 휴식을 취하고 있을 뿐이다.

늘 집을 떠날 때마다 그랬듯이 휴가의 반이 지나가면 아쉬운 마음으로 "아, 벌써 반이 지나갔네."라며 서운한 심정으로 아내에게 털어놓는다.

오늘은 그린 배리 호텔로 이동해야 한다. 저녁때면 그곳에서 즐기고 있을 것이다. 레드락 호텔 뷔페로 배를 채우고 잠시 휴식을 취한 후 이동하기로 했다. 짐 꾸리는 데는 아내는 이제 도사가 다 됐다. 여러 먹을거리도 준비하고 옷가지와 세면도구 등등 잊은 물건이 없도록 챙긴다. 너무 꼼꼼하게 챙겨서 때로는 "여보 좀 대강 좀 하구려."라고 감사의 핀잔을 줄 때도 있다.

알고 보면 이것이 복에 복을 더한 것이다. 모든 근심 걱정을 나 대신 아내가 해주고 챙겨 주니 이것이 복이 아니고 무엇이겠는가.

늙으면 여자가 하자는 대로 하는 것이 장땡이지 긴말해 보아야 다 소용이 없는 짓이다. 아내와 말싸움을 한다는 것은 들어오는 복을 차는 것과 같다고 해도 괜찮을 것 같다. 이 요령을 배우는데도 지혜 없는 자는 한참 걸리리라. 마음을 잘 다스려 평화로운 사람은 한 송이 꽃이 피듯 침묵하고 있어도 저절로 향기가 난다고 하지 않았던가. 알뜰한 자기주장만 해봐야 봄날만 갈 뿐이다. 봄날이 지나가면 귀뚜라미 우는 소리가 들리는 가을이 온다는 것을 알아야 한다.

우리가 여행을 출발한 날짜가 우연히 크리스마스이브였다. 로스앤젤레스의 새벽 공기는 제법 차가웠다. 겨울 문턱에 들어선 동장군이 알라스카에서 얼음덩어리라도 한 짐 지고 왔는지 싸늘한 바람이 내 뺨을 스치고 지나간다. 아침에 일어나기는 힘들지만, 새벽기도를 드리고 교우들과 아침 식사를 하며 친교를 나누다 보면 살맛이 난다. 하나님께 영광도 드려서 기쁘고 늘 먹는 김치찌개지만 물리지 않고 꿀맛이어서 보약 먹는 기분이다. 옛 성인의 시에도 마음이 편안하면 나물 먹고 물 마셔도 낙이 그곳에 있다고 하지 않았던가.

비행기 시간이 오후라 크리스마스 날 아이들과 같이하는 프로그램에 시니어 찬양대도 참석하기로 돼 있어 찬양 연습에 우리 부부도 참석하고 오후 비행기에 탑승하기로 했다. 연습을 하면서도 마음은 여행 출발에 신경이 가 있었다.

모처럼 캐롤을 큰 목소리로 불러 보았다. 어린 시절 학예회에서

하던 생각이 들어 절로 젊어지는 기분이었다. 나보다 연배가 높은 선배들이 옆에 있으니 천만다행이고 위로가 된다. 상대적으로 젊어지는 느낌이 들어서다. 인간은 늘 타인과 비교하는 습성이 있는 모양이다. 재산도 건강도 권력도 타인과 비교함으로 내가 남보다 못하면 질투가 생기고 질투가 마음속에 있으니 죄라는 놈이 꿈틀대지 않는가.

어쨌든 젊어진 기분으로 찌푸린 날씨에 바람이 만만치 않은 대기를 헤치며 우리는 우버 택시를 이용해 롱비치 공항으로 향했다. 이틀 전 우버 앱을 설치해 놓고 서투른 앱을 눌러 택시를 불러 타고 가는 것이다. 무엇을 눌렀는지도 모르고 택시가 와서 탔는데 가다가 한 사람을 더 태우고 간다. 아마 합승을 눌렀던 모양이다. 택시비는 정말 적게 나왔다. 이런 것도 모르고 왜 아직까지 이 옐로(Yellow) 택시를 탔단 말인가. 노인들이 스마트폰 쓰기도 힘든데 우버까지 생각할 수 있었겠는가. 상상도 못 했다. 노인이라는 말로 모든 것이 너그럽게 용서가 되었다. 아무튼 "무엇이든 하면 된다는 생각을 가지고 살아야겠다. 배움에는 끝이 없구나." 중얼거리며 아내의 건강을 살펴보니 나름대로 양호한 편이다. 무리하면 안 된다.

라면으로 아침 식사를 때우고 휴식을 취했다. 이번 여행에서는 수필 한 편을 쓰고 해변 문학제에서 받은 자료를 모두 정독을 하고 '창작 문예 수필 이론'이라는 책을 읽겠다고 다짐을 하고 떠났다.

그리고 외국인들이 자주 쓰는 600개의 문장을 외우겠다고 결심해서 부지런히 틈나는 대로 실천해 보았다. 밖에 날씨는 한국의 겨울 날씨와 같다. 밖에 나갈 생각은 엄두도 못 낸다.

  그런대로 아내는 좀 불편한 기색이지만 잘 견디어 낸다. 노인들의 휴가 여행이란 이제는 말 그대로 휴식이다. 집에 있어도 여행이요 나들이해도 여행이다. 인생의 전체가 여행이다. 여행을 하면서 무슨 생각 무슨 일을 하느냐가 중요하다. 여행을 하면서 감사할 줄 아는 여행은 진정으로 축복받은 여행이 아닌가 생각이 든다. 건강한 몸으로 여행을 한다 해도 감사할 줄 모른다면 그것은 축복받은 여행이 될 수 없다. 한평생 살아가면서 뭐 좀 잘못됐다고 불평 불만할 필요가 전연 없다. 가진 것 적다고 전연 불평할 것 없다. 있는 그대로 열심히 최선을 다하며 살아가면 그것이 축복이다. 예전엔 미처 깨닫지 못한 감사하고 축복된 여행을 우리 부부는 깨달으며 즐겁게 보내고 있는 것이다.

  언제나 같은 마음이지만 집에 돌아갈 때는 아쉽고 늘 시간이 빠르다 느낄 뿐이다.

7월의 회상

7월은 파도가 출렁이는 바닷가의 해수욕장이다. 나의 학창 시절에는 7월은 모든 학교가 방학이 시작되는 달이고 직장인들은 산과 바다로 휴가를 떠나는 달이다. 산천은 녹음이 우거져 그들의 건강미를 자랑하는 달이기도 하다.

7월이 지나면 한 해가 다 가는 기분이 들고 하루하루를 보내는 것이 왠지 아쉬움을 느끼게 하는 달이다. 세월의 변화를 알려 주기도 하는 7월은 멈추어 있는 듯하다가도 끝을 향하여 달리고 있다. 끝이 지나면 철이 바뀌면서 또 한 해가 지나가는 허전함에 마음을 졸인다.

여름 방학을 이용하여 친구들과 배낭여행을 한 적이 있다. 구슬땀을 흘리면서 한적한 시골길도 걸어보고 산모퉁이도 돌아가고 시원한 시골 바람이 부는 나무 그늘에서 쉬어도 보았다. 충청도 홍성읍에서 대천 해수욕장까지 비지땀을 흘리며 걸어서 가자니 꽤나 먼 것 같다. 기진맥진 대천 해수욕장에 도착하여 수많은 인파 속을 헤치고 우리 일행은 백사장 한가운데로 쑤시고 들어갔다. 무조건 비좁은 공간에 자리를 잡고 천막을 쳤다. 날씬한 수영복 차림으로 가장 편안한 자세로 벌렁 누워 휴식을 취하며 즐거운 여행을 만끽했다. 잠시 후 나른했던 피곤이 서서히 사라지기 시작한다. 무더운 더위 속에서 먼 지평선을 바라보고 있자니 바다도 아름답고 공기도 맑고 서해안 머나먼 지평선에서 파도와 함께 밀려오는 훈풍으로 온 몸은 시원함을 느끼며 절로 졸음이 온다. 하지만 해수욕장을 누비는 아가씨들이 지나갈 적마다 친구들의 한결같은 한마디의 감탄사는 졸음을 쫓기에 충분하다. 피곤함도 절로 사라지고 모두가 아가씨들에게 신경이 집중된다. 한 친구가 "야, 네 깡다구 때문에 이 좋은 자리를 잡아서 호강하는데 니 한번 작업을 시작해 봐."라고 이야기를 건넨다.

하기야 늦게 와서 좋은 자리 잡기가 그리 쉬운 일이 아니었다. 해수욕장 중앙에 좋은 자리는 지나가는 천사들을 마음껏 볼 수 있어 좋았다. "야, 난 자주가 없어 니나 한번 해봐. 원님 덕에 나팔 좀 불자." 퉁명스럽게 응수하며 바닷속으로 들어간다.

옆 텐트에는 모은행 지점장 식구들이 진을 치고 예쁜 딸들과 휴가를 즐기고 있다. 밝은 표정 명랑한 목소리는 파도 소리와 어울려 더욱 낭만적인 세계로 흡입되어 간다. 그것이 바로 젊음이겠지. 그 당시 지점장이야 젊은이들의 선망의 대상이었다.

우리 일행은 딸들을 보는 것만으로도 즐거움과 활기가 더했다. 해수욕장에서 아가씨들은 모두가 예뻤다. 그 젊은 나이에는 누구나 흐린 하늘에 별을 관찰하는 심정으로 그 수많은 사람 중 혹시 나와 인연이 있는 사람이 나타나지 않을까 하는 희망의 눈빛으로 두리번거리는 것이 당연하지 않을까. 젊음은 의욕이요 희망이기에 더욱 즐겁기만 하다. 수많은 사람 중에 좋아하는 한 사람을 선택한다는 것도 그리 쉬운 일은 아닐 것 같다. 지금 나는 꿈같은 이야기를 하고 있다.

이따금 서로 힐끔힐끔 쳐다만 보고 한마디도 제대로 말도 못 붙이는 순진한 녀석들, 무슨 용기로 중앙을 뚫고 이 좋은 자리를 잡았노. 애꿎게 그저 출렁이는 파도에 태양과 정열에 타오르는 내 몸을 흠뻑 적실 뿐이다. 불덩이 같은 내 몸은 서서히 식어간다. 녹음의 계절에 우거진 젊음의 육체를 자랑하며 말없이 물속에만 들락날락 분주하게 몸을 담가 본다.

힘찬 파도에 밀려 불어오는 훈풍에 싸인 내 온몸은 절로 넓고 넓은 배 사장의 인파를 헤치고 천사들을 향해 행진하고 있는 것이다. 7월의 따가운 태양은 조금도 양보함이 없다. 연하고 부드러운 나의 살갗을 마구 짓궂게 한다. 바다같이 넓은 은혜도 해수욕장을 누비는 아가씨들의 아름다움만은 못할 것 같다.

7월이 가면 그 많은 인파는 사라질 것이고 전성기를 누리던 해수욕장도 저무는 외로움을 맛볼 것이다. 엄청난 고독에 싸이겠지.

세월도 어느덧 50여 년이 훌쩍 지났다. 그때 그 사람들은 어디로 갔을까.

내가 노인이 되었으니 그들도 노인이 됐겠지. 젊었을 때는 인생이 무척이나 긴 것으로 생각하였다. 나이를 먹고 나니 살아온 날이 얼마나 짧았던가를 깨닫는다. 빈속으로 왔다가 빈손으로 가는 인생. 잠깐 머물다 돌아가는 인생.

 인생들도 가고 있고 또 한 달의 숨 막히는 7월도 가고 있다. 하지만 내 앞에는 오늘이 있지 않은가.

내 고향의 산

어린 시절 내가 살던 고향의 서쪽에 자리 잡은 산은 청순한 아낙네와도 같은 산이다.

산에 따라 느낌이 다르겠지만 그 산은 한 점의 흐트러짐도 없이 철 따라 고운 옷으로 갈아입고 이름도 없이 말없이 주어진 일에 충실하게 세월을 맞이하는 것을 보면 어떨 때는 엄숙함도 느껴지고 때로는 자상한 어머니와도 같아 인생의 지표를 문의하고도 싶은 따스함을 느끼기도 한다.

나지막한 이 산은 오르기에 안성맞춤이어서 동네 아이들은 떼를 지어 중턱까지 올라가 진달래도 꺾고 나물도 캐어 바구니에 담고 산 아래 동네를 바라보며 소리도 질렀다. 어린 시절의 꿈을 그려보던 늘 밝은 햇살이 함께 했던 희망의 동산이다.

나의 고향 마을은 사방이 산으로 둘러싸여 있다.

앞산은 웅장하지도 못하지만, 바위산으로 이루어져 가파르고 오르기 힘든 산으로 얕잡아 볼 수 없는 산이다. 그래서 아마 동네 이름도 곰바위라고 부르는 것 같다.

  산기슭은 비포장도로지만 서울로 연결되는 간선도로가 있어 하루 몇 차례씩 정기적으로 버스가 다니곤 하였다. 버스가 먼지를 휘날리며 지나갈 적마다 서울행이라는 버스 앞 창문에 똑똑히 쓰인 세 글자는 평온한 내 가슴에 돌을 던지곤 했다. 꽤나 서울을 동경하며 오르내리던 산이다.

  뒷산은 양편으로 서로 마주 보고 길게 우뚝 서 있어 제법 골짜기가 깊어 소들도 마음 놓고 풀을 뜯어 먹는다. 소와 더불어 시간을 보내면서 개미집을 파서 흑개미와 불개미를 섞어 개미 전쟁도 시키며 개미 땅굴을 끝까지 파 들어가 개미 병사들의 사단 조직과 식량창고도 연구하는 추억도 있었다. 지금 생각해보니 좀 잔인하지 않았나 싶다. 이 골짜기는 무언가 숨겨진 유혹이 있는 산이고 두려움도 느껴지는 산이다.

  동쪽에 자리 잡고 있는 산은 오후만 되면 그늘이 지고 음침해서 가기가 싫었다.

  어쩌다 오솔길을 따라 산골짝 언덕을 올라가다 보면 늪지대도 만나게 되고, 뱀이 나오기도 한다. 그럴 땐 정말 소름이 끼친다. 그런가 하면 길가에 보기 싫게 덩그러니 버려져 있는 누군가의 무덤도 있다. 그 길로 어머니 따라 봉굴이라 불리는 외가댁 동네 갈 때면 그 무덤에 구멍이 뻥 뚫린 것을 발견하기도 한다. 어머니는 여우가 파놓은 거라고 이야기해 주었다. 20대의 엄마는 무서웠을 것이다. 나는 무섭지 않은척하며 엄마 따라 그 고개를 넘어갔다. 적막한 산속은 아무것도 보이지 않고 산울림 아이만 외롭게 사는 모양이다. 내가 소리를 지르면 지체 없이 내 귀를 흔들며 내 가슴을 철렁하게 만든다.

나는 지금 호남의 금강, 내장산 국립공원을 아내와 걸으며 내 고향의 산을 잠시 그리며 상념에 묻혀 있다. 우리는 해발 600m 내지 700m의 기암괴석이 말발굽의 능선으로 펼쳐 있는 아름다운 내장산 입구에서만 아쉽게 맴돌며 자연의 경이로움을 맛보고 다음 관광지로 떠나야만 했다. 하나님이 주신 자연은 하나도 아름답지 않은 것이 없지 않은가.

산에는 철학이 있고 인생의 길잡이가 있는 것 같다.
산을 사랑하면 마음의 샘물에서 사랑이 솟아 나온다고 했다.
불안과 근심 걱정 얼룩진 모든 것을 벗겨 버리게 하는 마력도 가지고 있는 것 같다.
백 마디 말이 무슨 소용이 있으랴. 울창한 내장산을 음미하며 내 고향의 산을 그려보면서 침묵하는 아내의 마음에 사랑을 불러보며 남은 삶 서로 의지하며 살자는 메시지를 넌지시 띄워 보낸다.

하와이 여행

　지난해 마우위 섬으로 여행 스케줄을 잡았다가 태풍으로 연기한 항공권으로 호놀룰루로 떠나는 날이다. 다행히 흐리고 싸늘한 날씨지만 이따금 햇살이 고개를 내미니 한결 마음이 푸근해진다. 팔순에 가까운 시니어 가족 7명은 행복을 찾아 하와이 여행을 잘 다녀오기를 바라는 마음을 안고 걷기도 힘든데 나이 80세에 푸른 하늘을 난다.
　일행은 어느새 푸른 하늘과 투명한 바다의 지평선을 바라보고 있다. 푸른 바다 위로 목화솜 같은 하얀 뭉게구름은 떠 있고 주변의 파도 소리 아름다운 경치를 만끽하며 더욱 매력에 빠져든다. 이곳 파라다이스라 불리는 와이키키 해변에서 붉게 물드는 노을과 일몰을 바라보는 순간 모든 것을 버리는 순간을 경험하고 있다.
　시니어들의 여행이 그리 쉬운 일은 아니라는 걸 예상했지만 출발부터 우버를 부르다 실패했다. 스마트폰에 우버 아이콘을 누르니 크레딧 카드가 액티베이트 업데이트가 안 되었다고 계속 미안하다는 문자만 뜬다. 연장된 카드를 받아놓고 은행에 전화로 액티베이트를 안 한 것이다. 조급한 마음으로 은행에 전화를 걸어 액티베이트를 한 후 다시 시도를 했으나 역시 미안하다는 문자만 나온다. 출발시간은 다가오고 싸늘한 바람이 불어오면서 옷이 젖을 정도의 가랑비가 내리기 시작한다. 시간은 자꾸만 가고 밖에서 아내는 한기를 느끼며 조바심으로 기다리니 내 마음도 바빠지기만 한다. 한 시간 이상 스마트폰과 씨름을 하다 결국 실패하고 택시를 이용해 비싼 요금을 주고 시간을 맞추어 간신히 공항으로 갈 수밖에 없었다.

불편한 몸으로 여행을 떠난다는 것 자체가 모험이지만, 한편으로 해낼 수 있다는 자신감을 갖게 하는 절호의 기회가 아니겠는가. 먼 훗날을 생각하면 식구들과 함께 이렇게 여행을 하는 것도 크나큰 자랑이요 잊지 못할 추억이 될 것이다. 잠시라도 집을 떠나 객지에 나가 생활한다는 것이 고생스럽긴 하지만 한편으로 즐겁고 내가 사는 집이 참 좋구나 하는 마음을 갖게 하며 내 삶이 얼마나 감사한 지를 일깨워 주는 계기가 될 것이다. 아무리 좋은 여행이라도 집을 떠나면 인제 그만 집으로 돌아가야지 하는 생각이 든다. 죽어가는 화초에 물도 주고, 반갑게 꼬리 흔드는 강아지도 보고, 따뜻한 국이 끓는 내 집 문을 열고 싶어진다.

오늘만은 억수같이 비가 와도 억울하지 않다. 할 일이 없어도 손해 볼 것 없다. 출근도 안 하고 병원도 가지 않고 아내가 투석도 안 하고 얼마나 행복한 하루인가. 파도 소리 들으며 먼 바다 지평선만 바라보면 되는 것이다. 내 인생의 여로는 어디쯤 와 있을까. 하와이의 날씨도 세상인심 달라지듯 달라지는 건가. 비가 왔다 그쳤다 해가 났다 어두웠다 종잡을 수가 없다. 여행에는 아무 영향이 없어 다행이다.

  여행을 하다 보면 밥맛이 좋다. 오늘 저녁은 무엇을 먹지. 처제의 아들 베니 녀석은 엄마에게 와이키키 마루카메 우동을 꼭 먹고 오라고 당부를 했다고 한다. 일행은 쿠이오 거리에 자리 잡은 일본식 우동집 마루카메 우동집으로 발걸음을 옮겼다. 걸어서 15분 정도라 운동 삼아 거리를 구경하며 걸었다. 일본의 유명한 체인점 우동집을 찾아라. 역시나 유명세 탓인지 많은 사람이 줄을 서서 북적대며 기다린다. 시원하고 깔끔하고 따끈한 국물 맛에 입맛을 다시며 음식을 배식 받아먹기 시작했다. 맙소사, 마누라는 짜다고 아우성이다. 짠 거 좋아하는 나도 좀 짠 것 같다. 뭐야, 유명한 체인점이 따뜻한 물 한 잔도 안 주다니. 육수에 물도 섞지 못한 채로 입맛을 돋우는 다양한 종류의 튀김에 맛있게 먹었다. 기갈이 감식이다.

  친구가 출석하는 그리스도 연합감리교회에서 친구내외와 함께 예배도 드리고 힐튼 빌리지에서 커피도 마시며 지난날을 더듬기도 했다. 지금은 문화재가 된 하와이의 마지막 왕과 왕비가 살았던 이올라니 궁전도 들러 보았다. 한인기독교회도 방문했다. 1918년 이승만 박사의 지도로 30여 명이 헌신적으로 예배를 드리면서 설립된 독립적인 교회라고 한다. 주로 나라를 되찾으려는 소망으로 기도를 한 모양이다.

노인들에는 바닷가 산책이 안성맞춤이다. 유산소 운동에는 걷는 것이 최고다. 모래사장을 밟아 본다. 쏴 밀려오는 파도 소리가 장엄한 오케스트라 연주처럼 들려온다. 한평생 사노라면 수고와 고통이 파도처럼 밀려오고, 때로는 기쁜 일 웃을 일도 파도처럼 밀려와 끊임없이 부딪힌다. 지금은 부딪힐 일도 없고 부딪칠 곳도 없다. 나에게는 소리 없는 파도만 철썩거릴 뿐이다.

세상은 흘러가고 변하는 것이니 어찌하겠는가. 그러기에 인생은 무상하다고 하지 않았던가. 이것 또한 지나가리라. 어젯밤 쏟아지는 빗속에도 신문 배달원은 3층 베란다를 향해 힘껏 비닐에 싸인 신문 봉지를 던진 모양이다. 뚝뚝 떨어지는 물방울을 털며 조심스럽게 비닐봉지에 싸인 신문지를 꺼낸다. 신문이 한 군데도 젖지 않고 깨끗했다. 휠체어를 이용한 우리 시니어들의 여행도 한 방울의 빗방울도 맞지 않은 빗속의 신문지처럼 누군가가 보호해 주어 감사할 뿐이다. 눈을 감고 하늘과 바다를 안아본다. 사랑이 솟아 나온다. 마음이 넓어진다.

손자에게 주고 싶은 덕담

　이민 와서 로스앤젤레스 근교 다우니라는 시에 허름한 집을 한 채 마련했다.
　앞뜰 한가운데에는 이름도 모르는 어린아이와 같은 작은 나무 한 그루를 심으면서 "언젠가 너도 커다란 나무로 잘 자라서 주위에 그늘도 만들어 주고 그 그늘 밑에 누군가 앉아 지난날의 추억도 더듬게 하고 미래의 꿈도 꿀 수 있게 되겠지."라고 중얼거렸었다.
　세월은 어느새 10여 년이 지나 그렇게 정든 집을 떠나게 됐고, 떠난 지 20여 년이나 한 번도 가보지 못한 그 집 앞을 지나가다가 잠시 차를 멈추었다.
　'우리 아이들도 잘 자라주었는데 너도 잘 자라주었구나.' 감동으로 앞뜰에 내가 심은 나무가 웅장하게 자란 모습을 정신없이 바라보았다. 그리고는 이민 와서 그동안 내 옷깃을 스친 인연과 기나긴 세월을 회고하였다.
　역시 집도 나무도 사람도 정성껏 잘 가꾸어야 제구실을 하는구

나. 손자 앤드류는 벌써 집을 떠난 지 2년이 되어온다. 로스앤젤레스 근교 대학에 모두 입학 허가를 받아놓고도 본인이 의학 계통으로 간다고 고민 끝에 미국 중서부 인디아나주에 있는 자그마한 도시 사우스 벤드에 위치한 로터데임 대학교를 선정하여 학업에 열중하고 있단다. 11월 말인데 벌써 폭설이 내리고 항공편이 결항되어 교통대란이 일어나고 강추위가 기승을 부리는 곳이다. 그곳의 선배들과 교수들이 인간관계가 좋아 졸업 후에도 후배들과 제자들의 미래를 걱정해 주고 끌고 당기며 이웃을 도와주는 전통이 있는 학교라고 소문이 나 졸업 후의 미래를 생각하며 그곳을 택해 고난의 행진을 걷고 있는 것이다. 그래 문을 열고 뒤를 보지 말고 앞만 보고 걸어라. 미래의 꿈을 펼쳐 보아라.

동생 죠수아는 키가 늘씬하고 성격이 활발하고 운동을 좋아한다. 혹시 감기로 결석을 하면 학교가 조용하다는 말까지 나올 정도로 활발하고 대인관계가 좋아 친구들이 좋아한다. 미국에서 두 자녀를 대학 보낸다는 것도 그리 쉽지 않을 정도로 학비가 들어간다.

이제 두 달 정도 있으면 고등학교를 졸업한다. 다행히 모 대학에서 장학생으로 선발이 되어 오라고 하니 천만다행이다. 손자들의 학자금을 학교의 장학금으로 많이 충당하다 보니 아들은 한시를 논 것 같다. 공부 안 한다고 구박을 받던 녀석이 시험은 잘 본 모양이다. 그러길래 오라는 데가 있겠지. 전공도 의학 계통으로 나간다니 두고 볼 일이다. 할머니와 할아버지는 그저 기도할 뿐이다.

요즘 신문 기사를 보면 손자 손녀들이 자기 엄마 아빠 이외에는 친척이 아니라고 생각하는 아이들이 많다고 한다. 부모가 재산이 있으면 부모를 자주 찾고, 재산이 없으면 적게 찾는 자녀들도 있다고 하고, 심지어는 부모를 양로원에 맡기고 재산을 챙기는 자녀들도 있다고 한다. 어쩌다가 이런 세상이 왔는지, 이런 이기적인 사상을 어떻게 없앨까.

추수감사절을 맞이하여 앤드류는 친구들과 뉴욕 방문할 기회가 있어 한 달 전부터 나에게 뉴욕에 거주하는 고모네 들려 하룻밤 자도 될까 하며 만면에 웃음을 띠며 물어본다. 물론이지 친척지간에는 서로 전화하고 안부도 자주 묻고 서로 왕래가 있어야 한단다. 그래야 사람이 사는 것 같지. 인간이란 사회적 동물이기 때문에 서로 교제를 해야 서로 정이 들고 인간미가 생기게 되는 거야. 어른을 찾아뵙고 공경하는 것도 배워야 한다. 학문의 귀결점은 인간이 되는 거야.

결국 뉴욕에 사는 고모를 방문하고 하룻밤을 지냈다. 짧은 하룻밤의 대화지만 고모와 앤드류는 서로의 몰랐던 것을 발견하고 가족의 중요성을 느끼는 계기가 됐다. 고모는 극진한 대우를 해주고 기숙사에 돌아가 먹을 먹거리도 준비해서 챙겨주고 금일봉도 주었으니 앤드류에게 이번 방문은 서로의 사랑을 나누는 값진 여행이 됐을 것이다. 뉴욕의 차가운 바람 속에 펑펑 내리는 눈 속을 우버 택시에 몸을 실은 앤드류는 공항으로 질주하고 있다. 고모는 잘 가라고 손을 흔든다.

죠수아도 아르바이트해서 모아놓은 돈으로 졸업 기념으로 친구들과 계획을 세워 하와이 여행을 다녀왔다. 하늘을 나는 연습도 하고 참 대단하다. 훗날 잊지 못할 추억으로 남을 것이다.

세상은 홀로 살아갈 수가 없다. 인간관계는 늘 변화하는 생물체라고 보아도 과언이 아니다. 늘 남을 존중해라. 먼저 베풀어라. 남을 이해하려고 해라.

너희들은 직선으로도 전진하고, 지그재그 방향으로도 전진할 것이다. 그리고 모든 일에 끌려가지 말고 창조력을 발휘하여 삶을 이끌어 가라. 인생의 행군에 훨씬 수월할 것이다.

낙엽이 우수수 떨어질 때

언젠가 가족 모임에서 엄마에게 미안하다는 눈빛으로 "낙엽이 우수수…" 가수 박일남이 불렀던 가요 〈부모〉를 구수한 목소리로 부르던 자네의 모습이 선하구나.

이제 자네를 영영 볼 수 없게 됐으니 한평생 살다 헤어진다는 것이 가슴 아플 따름이며 이것이 혈육의 정인가코다. 이제 세상에서 힘들었던 기억들은 다 바람과 함께 날려 보내고 무거운 짐 다 벗어 버리고 평안한 하나님나라에서 영원한 안식 속에서 사랑하는 주님과 함께 영광의 삶을 마음껏 누리기 바란다.

자네는 포성이 울리는 6·25 동란 중에 피난처였던 김포 대나루라는 서해안 바닷가 동네 외가댁에서 태어나 어언 65년의 세월을 살다 생을 떠났구나. 어쩌면 자네가 말한 대로 아버지만큼만 살다 가겠다는 말을 농담 삼아 이야기하는 것을 들었는데 네 말 그대로 이루어졌구나. 피난살이하면서 나의 형 창호가 이질에 걸려 약도 제대로 못 써 보고 어린 나이에 김포대나루라는 강화도와 마주한 서해안 바닷가 마을에서 세상을 떠나 그 마을 산언덕에 묻혔지. 그때 나이가 5살이나 됐을까. 정신없이 남과 북의 오고 가는 전쟁의 포화 속에서 제대로 먹지도 못 했고 약도 써 볼 겨를도 없었다. 나는 그때 어린 나이에 산에 가서 칡뿌리 나물 더덕 등을 캐고 땔나무도 해서 지게를 지고 내려오다 언덕에서 구르기를 한두 번이 아니었단다. 어른이나 아이들이나 모두가 힘들게 보낸 세월이었지. 그 와중에 너는 아무것도 모르고 여러 사람들의 귀여움을 받으며 살았다. 호랑이띠에다 전쟁 중에 나서 용감하고 씩씩한 너에 대한 기대가 컸단다. 군인이 됐으면 장군이 됐어도 손색이 없는 사나이였는데 지금 생각하면 아쉬움뿐이다.

 모든 것을 운명으로 돌릴 수밖에 없구나. 저세상에서는 꼭 이루지 못한 것을 이루기 바란다. 우리 식구들은 전쟁 중 피난처를 시골 고향 할아버지 계신 곳, 김포 군하리로 갔다. 아버지의 형제들이 다 그곳에 모여 북적였으니 할아버지도 무척이나 골치 아팠을 거다. 먹을 걱정, 입을 걱정, 피난 다녀야 할 걱정, 걱정이 한두 가지가 아니었겠지. 어린 우리가 무슨 걱정을 했겠나. 때때로 두려움에 떨었을 뿐이지. 할아버지 댁에서 산모퉁이를 돌아가면 오리장이라는 마을이 나오는데 그곳에 외가집이 있었단다. 어머니는 그 당시 막내 너를 들러 업고 그곳에 가서도 며칠씩 계셨단다. 자네는 아무것도 모르겠지. 내가 그때 아마 11살 정도니 나도 잘 기억하지 못하지만 파란만장한 세월을 보냈단다. 내가 어렸을 때 만주에서 비행기 폭격을 피해 방공호에 들어가던 생각이 희미하게 나지만 너는 6·26전쟁을 전연 기억 못 하겠지. 전쟁이 잠잠해지고 휴전이 될 무렵 우리 식구는 인천으로 올라왔지. 동인천역 동편으로 기차 길 따라 개천이 있었는데 개천 위에 판자로 지은 건물로 이루어진 시장이 있었다. 그 시장을 자유시장이라고 불렀지 .

그곳에서 아버지는 가게를 마련하여 처음에는 태극기 몇 개 놓고 장사를 시작했단다. 꽤 사람들이 모이는 시장이라 점점 장사는 번창해갔지. 아버지는 워낙 객지 경험이 많으셔서 장사 수단이 있어 빨리 자리를 잡고 담요를 재료로 해서 여자용 바지를 만들어 도매를 시작했다. 그 당시에는 충청도를 비롯해서 각 지방의 상인들이 인천으로 많이 와서 도매로 사 갔단다. 우리는 재봉틀을 가지고 봉제업을 시작했다. 수복 후 처음에는 끓은 물에 간장도 타서 밥을 먹고, 깨소금 쳐서도 밥을 먹고 이따금 운이 좋으면 멸치도 넣어 먹었지. 주위는 모두 폭격으로 집들은 무너지고, 무너진 집들 사이를 요리조리 피해 걷다가 나는 한 다리가 똥통에 빠져 울면서 가게로 들어온 적도 있었다.

그때 너는 가게 뒤 좁은 공간에서 박스를 밀고 장난치고 신나게 놀았다. 나는 뒤쫓아 다니며 너를 돌보았지. 전쟁 중이라 먹을 것이 없었는지 집안에는 수많은 쥐들이 요동치고 다녔다. 밤에 잠을 자면 천장에서 우당탕탕 하는 소리가 나는데 쥐들이 향연을 벌리는 소리였지. 쥐가 너무 많아 쥐를 잡으려고 아버지가 쥐약을 놓았는데 아차 실수로 아침에 일어나 미처 치우지를 못한 마루 위에 놓은 쥐약을 네가 놀다가 주워 먹으려는 순간 내가 낚아채 큰 불상사도

면한 적이 있었다. 그때 생각하면 지금도 아찔하다. 그래도 너는 아는지 모르는지 재미있게 놀았다네.

자네는 어린아이치고 아주 건강하고 잘 생겼어. 모든 사람들이 장군이라고 했지. 날이 갈수록 아버지 사업이 번창했는데 나의 대학입학문제로 우리는 서울로 이사해서 서울동대문에 위치한 평화시장에 자리를 잡았단다. 아버지의 사업 확장으로 네가 할 일은 너무나 많았어. 그러나 자네는 모든 것을 마다했지. 나는 회사에 취직을 해 내 갈 길을 갔으니 부모님은 자네에게 걸었던 기대가 많았다네. 먼저 가신 부모님을 천국에서 만나보게. 그리고 이생의 이야기를 나누어보렴.

아무쪼록 모든 고통과 근심 걱정 다 주님께 맡기고 "낙엽이 우수수 떨어질 때…." 너의 구수한 목소리로 그때 불렀던 그 노래나 한 번 불러 보렴.

울 엄마의 마음

 울 엄마는 TV에서 최헌의 노래만 나오면 기분이 좋으셨다. 오동잎 한잎 두잎 떨어지는 가을밤에 그 어디서 들려오나 귀뚜라미 우는 소리. 구성진 목소리와 가사가 엄마의 마음에 와닿는 모양이었다. 오동잎과 무슨 사연이 있는 걸까. 부친이 65세에 세상을 떠나서 24년간 홀로 세월을 보내셨기에 고요하게 흐르는 밤의 적막에 가을바람 따라 님과 함께 여행이라도 하고 싶으셨나 보다.

 손자가 재롱을 떠는 것을 보거나 성장하는 모습을 볼 때면 엄마의 손길이 얼마나 고마웠는지 새삼 느껴진다. 울 엄마는 어린 시절 시골에서 자란 분으로 마음이 여리고 착하신 분이다. 나는 어렸을 때 엄마를 따라 친척 집을 방문하거나 외출을 하다 보면 만나는 사람마다 다정한 목소리로 너는 어쩌면 엄마를 쏙 빼닮았냐 하면서 머리를 쓰다듬고 그 녀석 순하게도 생겼다고 덕담을 해주시는 것을 들었다. 칭찬인지 바보스럽다는 말인지 이해할 수가 없었지만 말이다.

울 엄마가 주신 마음의 선물인데 어떠하겠는가. 생각하면 그리스도의 정신을 소유한 엄마의 성품은 늘 고귀하기만 하다. 무더운 여름날 학교에서 돌아오면 수돗가에 엎드리라고 하며 목물시켜주시던 어머니, 커다란 양푼에 시원한 얼음 깨어 설탕 섞어 수박 냉차를 해주시면 시원하게 마시는 것을 보고 행복하셨던 어머니, 추운 겨울 난로를 수리하는 철공소에서 어린아이가 일하는 것이 불쌍하다고 그 어린 수리공을 집으로 데려다 길렀던 어머니시다. 그런가 하면 숙부님 내외가 일찍 세상을 떠나자 사촌 형제까지 맡아 길렀고 대식구 속에 늘 오가는 손님이 많았으나 불평 한 마디 안 하시고 사람 사는 곳에 사람이 꼬여야 한다며 주어진 사명을 잘 감당하신 분이다.

어린 시절에 울 엄마는 나를 데리고 인천에서 아버지 계신 함경북도 나진으로 올라가셨다. 부친이 그곳에서 사업을 했기 때문이다. 다시 만주 목단강으로 이주하여 생활하던 중 8·15 해방이 된다는 정보를 입수하고 집과 모든 가구를 버리고 우리 식구는 부친을 따라 그 뜨거운 여름날 석탄 운반 기차에 몸을 싣고 압록강을 건넜다. 압록강을 건너자 잠시 기차는 멈추었다. 그 사이 내가 목이 마르다고 부친은 물을 구하러 갔다 돌아오는 찰나에 기차는 서서히 떠나고 있었다. 물병을 들고 달려오는 아버지를 보며 소리치던 울 엄마, 석탄 차 제일 마지막 칸에 탔기에 기차가 달리지만, 아버지가 달려오는 것을 볼 수 있었다. 아버지의 달리는 속도도 만만치 않았던지 다행히 기차를 잡고 올라탔다. 한숨을 쉰 울 엄마는 얼마나 놀랐을까. 옛날 기차는 좀 느렸나 보다. 지금처럼 성능이 좋았다면 우리는 틀림없이 이산가족이 됐을 것이다. 우리 식구는 며칠 동안의 악몽 속에서 천신만고 끝에 인천 고향으로 돌아왔다. 그때가 아마 5살 아니면 6살 정도 됐을 것 같다.

울 엄마가 17세에 나를 낳아 주시고 어린 나이의 엄마로 나를 끌고 이북과 만주를 남편 따라 어려운 삶을 꾸려갔으니 그 마음의 고통이란 말할 수 없이 힘들었을 것이다.

남달리 배운 것도 없고 성격도 온순한 울 엄마를 생각하면 참으로 안타깝기만 하다. 나의 이민 생활을 통해 울 엄마의 만주 객지 생활의 어려운 삶에 공감이 간다.

아버지는 대동아 전쟁을 거치면서 어려운 역경 속에 경험을 통하여 세상을 습득하신 분이다. 성격이 무뚝뚝한 분인데도 사업에는 상술이 있어 후에 성공한 사업가로 그 많은 형제와 그 자식들까지 챙겨 주시고 공장 직원들 한 사람 한 사람을 보살펴 주신 분이다. 지금 말하자면 경제 민주화를 하신 분이며 고용주와 고용인의 동반 성장을 주장한 분이다.

그 와중에 울 엄마는 장손인 나에게 경제적으로 힘을 실어주려고 꽤나 애를 쓰신 것 같다. "당신 나이 들어 수족 못 쓰면 어떡할래요?" 아버지는 노후에 대한 울 엄마의 걱정을 들으실 분이 아니었다. 나는 예술도 길고 인생도 긴 줄만 알았다. 눈물 젖은 빵을 못 먹어봐서일까. 그저 걱정 없이 하루하루 넉넉한 마음을 가지고 살았을 뿐이다. 마음이 온유한 자는 복이 있다고 하였는데, 어느 날

저녁 늦게 울 엄마와 아버지는 말다툼을 하셨다. "장사하면 뭐해요, 남는 것도 없는데 고생만 죽어라 하고." 화가 난 울 엄마는 자신의 노후 대책을 세우라는 주장이었다. "너희들 굶기지 않을 거야."라며 큰소리치시는 아버지의 목소리 역시 물러갈 기세는 아니었다. 울 엄마는 아버지를 이기려고 고집도 부리지 않으셨다. 미래에 대한 식견과 큰 며느리로서의 자질을 가지신 분으로 대가족을 유감없이 이끌어 오신 마음이 넓은 호수와 같은 분이다. 그리고 아버지는 사업을 하면서 전연 사심이 없으셨다. 땅 한 평 개인적으로나 아내나 아들 앞으로 사 놓을 줄 모르는 욕심이 없는 분이었다. 지금 말로 경제 민주화를 주장하신 분이다.

계속 세상은 변하고 대가족 제도가 무너지고 급변하는 물질문명에 인간의 마음마저 싸늘해지고 있다. 지난날의 울 엄마의 생애를 조명하며 잠시나마 엄마의 마음에 빠져본다. 낳으실 제 괴로움 다 잊으시고 기를 제 밤낮으로 애쓰는 마음, 진자리 마른자리 갈아 뉘시며 손발이 다 달도록 고생하시네.

"여보, 당신 고집도 어지간하군요. 내 말 좀 듣구려."

지금도 울 엄마의 목소리가 귓전에 스친다.

어머님 제삿날

오늘은 어머님 첫 번째 제삿날이다. 로스앤젤레스의 오늘 날씨는 좀 흐리고 선선한 편이다.

지난해 아내의 생일날 어머님께서 하늘나라로 가셨으니 아아 어찌 이날을 잊으랴. 며느리에게 "나를 좀 기억해다오."라는 간절히 소원하는 어머니의 가냘픈 소리가 들리는 것 같다.

삼본 양로원에서 기력이 다 떨어진 어머니 병문안을 하고 한국을 떠난 지 6개월도 채우지 못하고 돌아오지 못하는 다리를 건너시고 말았다. 누구든지 생로병사의 길을 갈 수밖에 없다지만 그래도 조금 더 사실 것 같았는데 못내 가시고 말았으니 내 마음은 아쉬움뿐이었다. 한편으로 고통 속에서 사시는 것보다 편안히 세상을 떠나셨다고 생각하니 마음은 좀 놓인다.

아내와 함께 출근을 하면서 '고통의 멍에 벗으려고'라는 찬송가를 부르며 고속도로를 달린다. 보통 때는 차가 막혀 시간이 오래 걸리는데 학생들이 방학을 해서 그런지 오늘은 차들이 밀리지 않는다. 우리는 늘 카풀을 이용하니 얼마나 편한지 아내도 기분은 괜찮은 것 같이 보였다.

아내가 남편을 위해 운전도 해주고 카풀을 이용할 수 있는 특권도 제공해주는 귀한 사람이라 생각하니 기분이 좋다. 이 세상에 하나밖에 둘도 없는 내 연인이다. 남편의 일을 도와주는 아내에게 감사할 뿐이다. 나의 표정이 항상 굳은 표정이니 기분이 좋나 나쁘나 도대체 가늠하기가 어렵다고 아내는 말한다. 희로애락의 표현이 부족한 모양이다. 감정이 풍부한데 표현이 부족한 모양이야.

아내가 집에만 있으면 더 게을러지고 나태해질 것 같아 나는 아내와 함께 열심히 출근하기로 마음먹고 프리웨이를 달리는 것이다. 건강에도 도움이 될 것 같아서다.

찬송가를 부르다가 〈얼굴〉이라는 가요가 튀어나온다.

"동그라미 그리려다 무심코 그린 얼굴…."

이 노래가 좋아 이따금 콧노래를 부른다. 어머니께서 하늘나라로 가신 지 오늘로 꼭 1년이 되는 날이다. 정말 세월은 잡을 수 없고 막을 수가 없다.

혼자 운전을 하다 보면 갑자기 고독이 엄습해 올 때가 있다. 지난날의 늪에 빠져들어 가는 모양이다. 아내가 옆에 있었는데도 어머니를 생각하다 보니 마음이 뭉클해진다. 오늘은 일찍 들어가 친척 몇 분들과 1주기 예배를 드리기로 아내와 약속했다. 수십 년 간 어머니 생존 시에는 아버지의 추모 예배를 서울 동생네서 드려왔다.

이제 어머니마저 돌아가셨으니 내가 장남이니 이곳 미국에서 예배를 드리는 것이 순리인 것 같아 이곳에서 하기로 마음먹은 것이다. 아내는 시집살이할 때 많은 시집 식구를 건사하고 김장철만 되면 그 수많은 배추를 씻고 절이고 김치를 담그던 서울 생각을 하면 시어머니에게 좀 야속한 마음도 들 때도 있다그 한다. 많은 식구들 틈에 시집살이를 했으니 짐작이 간다. 그래도 부모다. 원망하는 소리는 듣기가 싫다. 이제 영영 돌아올 수 없는 하늘나라로 가셨다. 자신의 인생을 일깨워 주신 분, 깨우쳐 주신 분이라고 생각하며 그저 감개무량할 따름이라고 아내는 털어놓는다. 공교롭게도 올해에 제삿날이 아내의 생일과 겹쳤으며 어머니의 생일과도 겹쳤다.
  서울에서 여동생으로부터 이메일을 받았다.

  오늘이 엄마 기일이네요. 요즘은 이것저것 바쁜 일도 많다 보니 하루 당기고 조금 늦추고….
  엄마가 바쁘셨겠어요.
  어제는 미국에서 추모 예배에 참석하시고 오늘은 서울에서 추모 예배 겸 생신 예배에 참석하시고….
  돌아가신 첫 생신은 고인이 좋아하신 음식을 차려 드리는 것이라 해서 샐러드 만들어 먹었어요. 엄마가 그거 좋아하셨거든요. 어떻게 돌아가신 날이 생신날이 될 수 있는 것인지, 뭐 윤달이 있어서 그렇다고 하지만 그래도 희한한 일이에요.
  점점 더워지네요. 저는 내일 엄마 산소에 다녀오려고요. 지난번에 모두

산소에 다녀올 때 못 가서 마음에 걸려서요. 다녀와서 엄마 잘 있나 보고 또 연락할게요. 건강 조심하세요.

편지를 읽으며 그래 정말 희한하구나. 돌아가신 날이 본인 생일이고 또 아내의 생일날 돌아가셨으니 잊지 말고 열심히 추모 예배를 드려 달라는 신호인가 보다. 어머니의 손길이 닿았던 아이들은 모두 결혼해서 각자 자기 분야에서 열심히 살고 있으니 그것도 감사한 일이지요. 어머니, 여생 어머니의 추모 예배 잘 드리고 형제들을 위해 열심히 기도하면서 살아갈게요. 서울 월곡동에서 생활하던 모습을 다시 한 번 회상하면서 돌아가신 어머니를 불러 봅니다.

가을밤 고요한 밤 잠 안 오는 밤 기러기 울음소리 높고 낮을 때 엄마 품이 그리워 눈물 나오면 마루 끝에 나와 앉아 별만 셉니다.

포기할 줄 아는 지혜

포기한다는 것은 하려던 일을 도중에서 그만두어 버리는 것이다. 자기의 권리나 자격, 물건 따위를 내던져 버린다고 해서 꼭 나쁜 것만은 아니다. 학창 시절에 내일 시험은 치러야 하고 오늘 마지막 좋은 영화가 있는데 어느 것을 택하느냐 라는 갈등이 생긴 적이 있다. 마음의 갈등이 있을 때 포기할 줄 아는 지혜가 필요하다. 대학 입학 후 첫 학기에 교양 과목 중 심리학을 선택하여 성백선 교수라는 분한테 갈등에 관한 강의를 들은 적이 있다. 살다 보면 사람과 사람들 사이, 사람과 환경 사이에서 일어나는 갈등으로 고민에 빠져들 때가 종종 있는데 그 해결 방법을 제시해 주셨다.

공교롭게도 예약된 여행 기간에 태풍과 폭우를 동반한 최대의 강력한 허리케인이 온다는 일기예보이다. 여행을 가야 하느냐, 포기해야 하느냐 문제로다. 나는 이 갈등 속에서 결정을 내리지 못한 채 며칠을 보냈다. 노년에 여행을 떠난다는 것이 그리 쉬운 일이 아니다. 가족들 중심으로 몇 달 전에 하와이 주의 마우이섬으로 8

월 말경 여행을 떠나기로 계획을 세워놓고 항공권도 구매해 놓았다.

형제들과 즐거운 여행을 한다고 생각을 하니 더욱 마음이 설레었고 기다림 속에서 모든 준비를 철저히 하였다. 투석을 받아야 하는 아내의 심정은 즐거우면서도 한편으로 두려움에 싸여 있는 것 같았다. 걱정할 것 없어 여행지에서의 투석 문제는 다 조치를 했으니 시간 맞추어 가기만 하면 된다고 안심시킨다. 투석하는 날은 늘 심한 고통으로 제대로 활동을 할 수 없으니 태풍이 온다는 소식을 듣고 누가 걱정을 안 할 수가 있겠는가. 일기가 순탄해도 투석하는 날은 관광이 불가능할 게 뻔하다. 4박 5일 관광에 가는 날 빼고 투석 날 빼면 단 이틀을 관광하는 셈이다. 그런가 하면 몇 달 전 척추관 수술을 받고 경과가 호전돼가는 상태에 계신 김 장로님께서도 스케줄에 맞춰 여행을 잘 할 수 있을지도 염려가 된다. 나는 지도를 놓고 관광 볼거리의 취사선택 문제와 여행 스케줄을 세웠고, 처제는 현지의 물가고를 감안해서 이곳에서 먹거리 등 모든 준비를 하느라 밤잠을 설치기도 했다. 출동 준비는 완벽하다.

꿈을 품고 뭔가 할 수 있다는 것, 그것은 시작이요 인간의 행복이 아닌가. 그 용기 속에 행복한 삶이 숨어있기 때문이다. 내일 떠나는 소풍 가는 아이처럼 비가 올까 봐 안절부절못하며 걱정하는 것처럼 지금 노년이 된 나는 여행을 떠나야 되나, 포기를 해야 되나 방향 잃은 돛단배에 몸을 실려 설레는 마음을 달래며 일기 예보에 정신이 팔려 있다.

TV에서는 허리케인으로 연방정부에서 하와이 주를 재난지역으로 선포하고 지역주민들은 다가올 태풍과 허리케인에 대비해 마켓에는 모든 비상 물품들이 품절되었고 관공서와 학교는 당분간 닫기로 하였다고 알려 준다. 세상 살다 보노라니 이렇게 맞아떨어질 수 있을까. 여행 기간 동안 이놈의 허리케인이 올게 뭐람. 그렇지 않아도 70·80세대 노인의 여행이라 조심스럽게 떠나려고 했는데 세상에 이런 일도 있네. 세상만사 뭐 잘 되겠지. 우리 여행 기간쯤 되면 그놈이 조용히 지나갈 거야. 긍정적으로 큰소리치던 나 역시 아쉽지만 포기라는 결론을 내리지 않을 수 없었다. 마음은 그곳에 있지만 포기할 줄 아는 지혜가 필요할 때이다. 아 잘했다 잘했어 마우이섬 여행 포기를 잘했어. 허리케인 무섭지도 않니. 아내도 마음이 놓이는 모양이다. 마우이 섬을 포기한 후 우리 일행은 오션사이드로 향했다.

　호들갑을 떨며 아우성을 치던 더위도 이곳 태평양 바람을 쐬니 언제 그랬냐는 듯 정색을 한다. 바라만 보아도 온몸이 산뜻해진다. 맑은 공기를 마음껏 마시며 지평선을 바라본다. 처제가 준비한 먹거리를 실컷 먹으며 지난날의 추억을 더듬으며 용기 없어 하지 못했던 미련, 시행착오로 인생의 얼룩진 모습을 그리며 끝없는 대화를 이어 갔다. 이 시간이 지나면 커다란 또 하나의 나이테를 둘러매겠지. 혼자 말없이 흐르는 세월은 빠르기도 한 것 같다. 파도 소리는 쉴 새 없이 내 귀를 철썩인다.

　여기 오션사이드 수십 킬로의 해변에는 억만년 갈고 닦인 고운 모래 위로 예쁜 조약돌이 파도에 밀려온다. 비단 같은 모래 위에 옹기종기 조약돌들이 흐트러져 있다. 처제는 그중에 가장 예쁜 돌을 집어 들었다. 학창 시절의 추억으로 빠지는 모양이다. 하와이 대신 우리는 오션사이드 해변가를 찾아온 것이다.

  5번 프리웨이 길목에는 해안 도시들이 즐비하다. 서핑을 즐기는 한 청년하고 사진 촬영도 했다. 저녁노을이 질 무렵인데도 어여쁜 수영복 차림의 백인 여성이 모래 위에 한가히 누워 있다. 사진 좀 찍어 달라니까 아 그럼요 반색을 하고 일어서지도 않고 앉아서 바다를 배경으로 한 컷 찍었다. 자연은 대단하다. 돌아오는 길에 모두 "아아, 마우이섬 여행을 안 가길 잘했다." 이구동성으로 합창을 한다.

  역시 포기할 때 포기할 줄 아는 지혜, 돌아가야 할 때 돌아가는 지혜. 버릴 때는 버리는 지혜, 손을 떼어야 할 때는 손을 떼는 지혜가 우리들의 삶에 필요한 것을 깨닫는다.

chapter 3

궤변은 재앙이다

소통으로 방황과 실종에서 벗어나자
궤변은 재앙이다
한국인의 자화상
빗자루의 추억
일불 삼소 오의 칠과
팁, 웃으며 주고 받자
장병들이여, 힘들면 군가를 부르라
물어뜯는 개보다는 전략가가 되라
일체유심조(一切唯心造)
쓸개가 빠지고 있지 않은가
짜가가 판치는 세상

소통으로 방황과 실종에서 벗어나자

　방황이란 말은 '분명한 방향이나 목표를 정하지 못하고 갈팡질팡한다.'는 의미가 있고, 실종이란 말은 '종적을 잃어 간 곳이나 생사를 알 수 없다.'는 뜻이다. 한국에서는 경제폭망이라는 말과 안보실종이란 말이 회자된다. 경제폭망 대신 경제 방황은 어떤가.
　'길 잃은 철새'라는 가요를 들으며 길 잃은 철새가 밤은 깊어 가는데 잘 곳은 없고 한숨짓는 소리와 흐느끼는 소리를 연상하니 잠을 청할 수가 없다. 세상에 길 잃은 자가 너뿐이겠는가. 세상에서 방황하며 주님 외면하고 내 맘대로 고집하며 온갖 죄를 저지르는 인간들, 사소한 분쟁이라도 일어나면 사랑이고 의리고 다 팽개치고 기분 나쁘다고 떠나는 사람들, 부부가 평생 살다 결혼을 졸업한다는 졸혼은 또 뭔가. 모든 것이 제자리에 놓이지 않은 인간의 방황이요 영혼의 실종이 아니던가.
　요즘 신문을 보면 등산객이 산행을 갔다 실종되는 기사가 종종 눈에 띈다. 실종 나흘 만에 애완견의 짖는 소리를 들은 수색대에 의해 60대 여인이 구조되기도 하고, 70대의 노인이 산에서 실종되어 군 생활의 경험을 살려 물부터 확보하고 산딸기 개구리 먹으며 며칠 동안 악전고투하며 버틴 끝에 구조된 소식도 있었다. 다행히 나는 군에서 칠흑 같은 어두운 밤에 독도법 훈련을 받은 덕택으로 미국 와서 길을 찾아다닐 때는 많은 도움이 되었다.

군에 있을 때 험한 산속에서 훈련을 받을 기회가 종종 있었다. 비가 억수같이 쏟아지는 어느 날 산중에서 약속된 시간에 모 장소에 집합하라는 명령을 받고 소대원들을 이끌고 헤매던 생각을 하면 잊지 못할 추억이지만 그 당시는 얼마나 고생이었는지 진땀을 흘린 적이 있었다. 지도와 나침판을 이용하여 임무를 잘 수행했다.

등산객은 등산로가 뚜렷하지 않을 때 한눈을 팔다가는 길을 잃어버릴 경우가 많다. 일반적으로 길을 잃었을 때는 당황하지 말고 침착하게 왔던 길로 되돌아가는 것이 원칙이라고 한다. 올라갈 때는 능선으로 내려올 때는 계곡을 이용해야 하는 것이 산행 경험자의 이야기다. 세상에는 방황하는 인생이 너무 많다. 나는 어디로 가고 있는 것일까. 내가 가는 길이 맞을까. 내 길에 대한 확신이 없을 땐 과감히 방향을 바꿀 자신이 있는가.

개인이나 회사나 국가든 간에 잘 나갈 때가 있고 안될 때가 있다. 잘 살 때가 있는가 하면 못 살 때도 있지 않은가. 흥할 때도 있고 망할 때도 있다. 좋은 것을 가질 때도 있고 버릴 때도 있다. 필요할 때도 있고 필요 없을 때도 있다. 좋은 친구가 있는가 하면 나쁜 친구도 있다. 먼저 때리는 경우도 있고 먼저 맞는 경우도 있다. 울 때가 있는가 하면 웃을 때가 있으며 슬퍼할 때가 있고 춤출 때가 있는 법. 범사에 기한이 있고 천하만사가 다 때가 있다고 했다. 역사는 돌고 돈다. 바벨론 페르시아 그리스 로마제국을 보라.

방황과 실종 속에 바삐 돌아가는 세계 역사의 흐름 속에 우리의 자세와 정신이 어디에 있느냐에 따라 방황과 실종에서 벗어날 수 있는 길을 발견할 수 있을 것이고, 우리의 행복한 미래를 창조하기 위하여 한국인 개개인이 각성하여 좋은 방향으로 한국의 미래를 가꾸어 나가야 한다.

오만과 증오, 질투, 이기심, 고집만 있는 사회는 바로 갈 수 없다. 있을 때 잘하고 잘 나갈 때 정신 차려야 계속 앞으로 전진할 수 있을 것이다. 그렇지 않을 때 후회와 망하는 길로 들어설 수밖에 없지 않겠는가. 경제 안보 외교 모든 분야에 기러기형 참모의 조언도 무시할 수 없겠지만 자유형 스타일의 조언을 귀담아듣고 전문성이 있는 참모의 이야기에 귀를 기울이며 정부의 경제 정책 등 단기적 안정과 장기적 성장을 목표로 시장에서의 움직임에 눈과 귀를 집중시키며 또한 국제정세를 정확히 파악하는 유능한 정부가 되어야 할 것이다. 우리가 길 잃은 철새의 신세가 돼서야 하겠는가.

국정 운용의 합리화를 위하여 유능한 참모들의 의견을 듣고 최고 책임자가 결정한다면 시행착오는 거의 없을 것이다. 결정이 잘못되었다면 산행중에 길을 잃은 실종자가 왔던 길로 되돌아가듯 돌아가야 하는 것이다. 잘못을 시인하고, 시정하면 된다. 100% 완전할 인간일 수는 없지 않은가. 하루속히 모든 분야가 소통으로 방황과 실종에서 벗어나기를 바란다.

궤변은 재앙이다

궤변이란 말은 그리스의 궤변학에서 나온 말로 형식적인 논리로서 거짓을 진실같이 교묘하게 꾸며대는 논법이라고 정의할 수 있다. 궤변가 하면 어딘가 부정적인 의미가 포함되어 있는 느낌이 든다. 요즈음 방송이나 유튜브를 듣다 보면 상대방을 이기기 위하여 반론과 방어권 차원을 넘어 흰 것을 검다고 우기며 진실을 은폐하려고 안간힘을 쓰고 있는 모습을 종종 볼 수 있다. 그럴 때면 한숨이 나오며 답답할 때가 한두 번이 아니다.

때로는 이들이 과연 대한민국의 공직자이며 국익을 위하여 봉사하는 사람들인지 회의가 들 때가 있다. 인간은 정치적인 동물이며 생각하는 갈대이기에 어떤 문제나 의혹이 생기면 대화를 통해 해답을 찾아가려고 한다. 설사 이견이 있다 하더라도 서로 검토를 통하여 조정과 해답을 찾아야 되는데 어떤 경우는 막말과 자기주장만 고집함으로 시간과 정력을 소비하는 경우가 있다. 화종구출(禍從口出)이란 말이 있다. 모든 재앙은 입으로부터 나온다는 뜻이다. 성경 창세기에 보면 사람의 불순종과 하나님의 심판 선언이 기록

되어 있다. 하나님이 동산 중앙에 있는 나무의 열매는 너희가 먹지도 말고 만지지도 말라고 명령하시면서 먹으면 정령 죽으리라 하셨는데, 간교한 뱀이 여자에게 와서 네가 먹어도 정령 죽지 않으리라. 너희가 그것을 먹는 날에는 너희 눈이 밝아져서 하나님과 같이 되어 선악을 알줄 하나님이 아심이니라. 이런 뱀의 궤변으로 여자도 먹고 남편도 먹어 하나님의 심판을 초래하지 않았던가.

세상에 가장 무서운 폭력은 '언어'라고 한다. 정치인과 지도층 인사들의 궤변을 듣고 있노라면 어디에 기준을 두고 저런 주장을 하는 것인지 너무나 실망스럽다. 사람이 완전할 수야 있겠냐만 복잡한 사안도 아니기에 제대로 수사만 한다면 명확하게 진실이 가려질 문제이다. 그런데도 네가 옳으니 내가 옳으니 궤변과 막말을 쏟아놓으며 갑론을박한다. 어떤 특정한 인물을 변호하는 일과 윗선의 눈치를 보느라 자기의 소신도 버리는 쓸개 빠진 인간이 되고 만다. 결국 국력만 소비하는 것을 볼 때 우리는 참담하기만 하다.

정치인들이 소속된 당도 초월해서 문제의 진실을 찾고 잘못된 점을 시정하면서 국가의 백년대계를 세운다면 얼마나 보람된 일인가.

말은 곧 얼굴이고 인격이다. 말 한마디에 천 냥 빚도 갚고, 상처를 받아 원수가 되기도 한다. 나의 말 한마디가 어떤 결과를 초래할까 생각해보자.

아무쪼록 궤변만은 피하고 상대를 배려하고 서로 신뢰할 수 있는 토론으로 모든 것이 새롭게 변화되기를 바라는 마음 간절하다.

한국인의 자화상

 올 한 해도 저물어 간다. 송년 모임의 인증 샷으로 신문 한 면은 붉게 물들어 있다. 자기의 얼굴이 잘 나왔는지 궁금해 침침한 눈을 뒤집고 찾아본다. 몇 달 전 올림픽가 모 식당 앞에서 주차를 하다 옆에 차를 살짝 건드렸다. 상대 차의 앞부분에 페인트가 약간 벗겨졌다. 옆에서 장사하던 아주머니가 유심히 보더니 "그냥 가세요. 그 정도는 괜찮아요."라며 말을 건넨다. 내 생각에도 이 정도는 서로 이해하고 넘어갈 수 있는 일이라 판단이 돼서 그냥 갈까도 슬쩍 생각했다. 아내는 무슨 소리냐며 기어코 식당에 들어가 차 주인을 모시고 나왔다. 도요타 캄리, 새로 산 지 두 달 남짓한 새 차였기에 당사자도 기분이 얼떨떨한 모양이다. 아무 말도 안 하고 물끄러미 차만 쳐다보고 처분만 기다리는 눈치였다. 자동차 애착에 대한 그분의 심정도 이해가 간다.
 사건이 마무리된 후 상대방은 이렇게 일부러 찾아와 알려주고 해결해 주셔서 너무 고맙다고 인사를 하면서 점심까지 대접을 하고 돌아갔다.

한국인은 오래전부터 부지런하고 우수한 민족으로 세계 각 민족으로부터 호감을 받는 민족이다. 특히 미국 초기 이민 당시에는 학교나 직장에서 두각을 나타냈고 겸손하고 티 안 내고 열심히 일하면서 사는 사람들이 한국인이라고 주류 사회에서 칭찬을 받았다.

한인 사회를 위하여, 한국인을 위하여, 한국을 위하여 한 번쯤 생각해 볼 필요가 있지 않을까. 자신을 되돌아보며 미래를 밝게 만들어 가자는 차원에서 한국인을 꿰뚫어 보자는 것이다. 약속을 잘 안 지키며 확실한 근거도 없이 맹목적으로 의도적으로 허위 사실을 유포하는 행위, 준법정신이 약하고 교만하며 특권 의식을 가지고 설치며 자기주장만 내세우는 사람, 남의 말을 귀담아듣지 않고 협동 정신이 부족한 사람, 이웃과 더불어 살아가려는 노력과 지혜가 부족한 사람, 모임에서는 허세를 부리며 과시하는 사람, 남을 헐뜯는 사람, 만약 미국에 살면서 이런 사람을 만나 같은 민족끼리 기피하는 현상이 일어난다면 마음이 무거워지지 않겠는가. 우리 모두의 힘을 합쳐 살아가도 힘겨운 세상에 이득 될 것은 하나도 없을 것이다.

한국 사람들이 요즘 많이 변해 가고 있다고 한다. 한국정치판은 배신을 식은 죽 먹듯 하고, 지조고 의리고 찾아볼 수 없다. 전 기무사령관 빈소에 현역 장성이 한 명도 조문을 안 갔다고 하니 왜 이런 현상이 벌어지고 있을까. 무엇이 두려웠을까. 어떤 불이익을 당할까 걱정이 돼서일까. 의리는 태산 같고 죽음은 홍모와 같다는 말이 무색할 정도다. 서로 싸울 땐 싸우더라도 일단 사람이 죽었는데 빈소에 조문하는 인지상정이 아닌가. 한국의 국민감정은 야단법석이다. 종교계도 사소한 이견으로 자기만이 옳다고 하는 독선으로 분쟁은 끊일 줄 모르고, 남북의 비핵화 문제나 평화를 추구한다 하면서도 북한은 북한의 인권이나 비핵화의 진정한 의지를 보이지 않아 남북화해와 평화의 길은 멀어져만 가고 같은 민족끼리라고 말만 하지 말고 화끈하게 모든 장애물을 훌훌 털어버리고 진정한 마음을 가지고 서로가 평화를 모색한다면 누가 반대할 사람이 있겠는가. 모두가 잘살 수 있는 길을 코앞에 두고도 권력의 탐욕과 이념의 차이로 통일과 평화는 한낱 구호에 그치는 안타까운 일을 보고 있노라면 마음이 씁쓸할 뿐이다.

  전 평양 주재 영국대사 존 에버라드는 북한이 진정으로 비핵화를 원하지 않는다면 북핵 협상의 대화는 계속 유지되겠지만 비핵화를 위한 핵심적이고 실질적인 조치는 나오지 않을 것이라고 말하면서 성과 없는 협상을 통해 북한은 적지 않은 것을 얻어낼 것이라고 말했다. 다른 사람들과 평화롭게 살아갈 수 있는 진정한 사람만이 진정한 마음을 가지고 진정한 평화를 만들 수 있을 것이다. 사람의 겉모습이 모두가 다른 것 같이 속마음도 다 다를 테니 열 길 물속은 알아도 인간의 속마음은 모른다는 이야기가 있지 않은가.

빗자루의 추억

"빗자루론 개도 안 때린다."라는 말이 있다. 빗자루로 사람을 때릴 때 말리면서 하는 말이라고 한다. 누구나 어렸을 때 방에서 놀다 방을 어질러 놓으면 엄마한테 빗자루로 한두 대씩은 맞은 경험이 있을 것이다. 어른들이 빗자루 가져와 하면 으레 쓰레받기까지 가져간다.

나는 어린 시절을 서너 살 더 먹은 고종사촌 형과 같이 살았다.

"야, 너 로스케 말로 '빗자루'가 뭔지 아니?"라고 형이 물었다. 나는 "몰라"라고 선뜻 대답했다.

"그것도 몰라? 뼛짜루~."

코미디 끼가 있는 사촌형이 '루'를 꼬부라진 발음으로 올려서 웃기곤 했다.

"어, 그래. 한국말하고 비슷하네."라며 나는 곧이곧대로 믿었다.

지금 생각해도 재미있던 시절이었다. 빗자루에는 몽땅빗자루, 풀잎빗자루, 짚풀빗자루, 수수빗자루, 마당에서 사용하는 것, 부엌에서 사용하는 것, 방에서 사용하는 것 등등 많다. 나는 시골 할아버지 댁을 방문했을 때 싸리빗자루로 시골 마당을 쓸어본 경험이 있다. 지금은 세상이 현대화되어 무게가 가벼운 나이론 빗자루가 나오고 전통적인 빗자루는 추억 속으로 사라져 버렸다.

마당을 쓸고 나서 마음이 깨끗하고 상쾌해서 "할아버지, 내가 다 쓸었어요. 깨끗하지요."라며 응석을 부린 적도 있었다. 그런가 하면 강원도 모 전방 사단 근무 시 눈이 많이 내리는 아침이면 기상과 더불어 주번사관의 임무를 띠고 중대원 전원과 함께 우렁찬 구호에 발맞추어 주요 도로로 나가 쌓인 눈을 빗자루로 싹싹 쓴 적도 부지기수다.

일본의 주부들이 정년퇴직하고 집안에 죽치고 들어앉은 늙은 남편을 '오치누레바'라고 부른다고 한다. '젖은 낙엽'이라는 뜻이다. 마른 낙엽은 산들바람에도 잘 쓸리지만 젖은 낙엽은 땅바닥에 짝 달라붙어 빗자루로 쓸어도 쓸어도 떨어질 줄 모른다. 부인들이 퇴직한 남편을 밖으로 내보내고 싶어도 안 나가서 부담스럽다는 뉘앙스로 사용하는 말이다. 남편들에게는 모욕적인 말이 아닐 수 없다.

한국에서는 원로 작곡가인 정풍송 선생이 〈빗자루〉라는 풍자 가요를 만들어 국민들이 애창곡으로 부른다고 하니 빗자루의 추억이 되살아나는 듯하다. 빗자루 하면 우선 생각나는 것이 청결함이다. 쓰레기들을 쓸어 깨끗하게 하는 것이다.

이 노래를 듣고 있노라면 "이 풍진세상을 만나 부귀영화를 누렸던 너는 너의 할 일이 없단 말인가."라고 나를 꾸짖기라도 하듯 거짓과 부정과 이상한 말로 둘러대는 궤변가들에게 말 한마디 못 하고 왜 침묵하고 있느냐 하는 경종을 듣고 있는 것만 같다. 사람이 사람 노릇을 못하면 어찌 사람이라 할까. 양심이 없는 사회는 더 이상 희망을 기대할 수 없지 않은가. 사람이 살다 보면 쓰레기가 나오는 법. 어디 완전한 사람이 있나. 실수를 했을 때 빨리 시정을 하고 제 갈 길을 찾아가야 하지 않는가. 시행착오보다는 시행착오를 인정하지 않고 자기주장만 하는 것이 더 문제인 것 같다.

　정치, 종교, 교육 각 분야의 표리부동한 위선자들과 국가의 안보를 위태롭게 하는 파렴치한 궤변가들은 무슨 양심으로 변명할 것인가. 우리 모두 꿈꾸던 세상을 만들겠다는 약속은 어디로 갔는가. 대한민국의 후손들을 염려하며 거짓과 진실을 구별하여 거짓과 부정을 싹 쓸어버려 그들에게 자랑스러운 미래를 물려주겠다는 약속은 안중에도 없단 말인가. 팝페라 가수인 인치에로의 대중가요 '빗자루'의 목소리가 힘차게 울려 퍼진다. 나라를 걱정하고 국민들의 우려를 외치고 있다니 얼마나 다행인가. 타락한 지식인들이여, 권력에 비굴한 노예들이여 여기 양심과 정의감이 활화산처럼 타오르고 있다. 개도 안 때리는 빗자루로 한 대 맞은 기분이다. 이런 시기에 이런 가요를 발표한 정풍성 선생의 용기와 정의감은 더 존경스럽기만 하다.

　옳은 것은 옳다. 그른 것은 그르다. 난세일수록 용기 있는 영웅이 필요한 것. 그래야 우리의 희망을 볼 수 있기 때문이다. 아무리 판단 기준이 다르다 해도 상식이란 것이 있는데 고집과 편견으로 자기주장만 고집하는 사람들. 어서 속히 서로가 서로를 사랑하고 더불어 잘 사는 사회가 만들어졌으면 하는 바람이다.

 거짓 없는 정직한 세상, 우리가 모두 꿈꾸던 세상. 자유와 평등, 공정과 정의, 온 천하를 약속했었지. 사랑하는 우리 후손들. 길이 길이 살아야 할 땅, 표리부동한 위선자 쓰레기 더미 궤변가들 빗자루로 모두 모두 싹싹싹. 차제에 코로나-19도 싹싹.

 빗자루의 추억을 그리며 푸른 하늘 밝은 달 아래 곰곰이 생각해 보자. 거짓말 없는 정직한 사회를 만드는 것이 우리의 할 일이 아닌가.

일불 삼소 오의 칠과

22살 어린 엄마가 술에 잔뜩 취해서 비틀거리며 집에 간신히 들어온다. 술에 취해 담뱃불을 재떨이인 줄 알고 이불에 비벼 끄는 바람에 화재가 발생한다. 그녀의 네 살, 두 살, 15개월 된 3남매가 화재로 사망한다. 한국 모 일간지에 보도된 사건이다. 견디기 어려운 처지를 당해 술로서 마음을 달래 보려고 했던지는 모르지만 너무나 안타까운 사건이다. 아이들은 무슨 죄가 있단 말인가.

식품의약품안전처에 따르면 그녀가 마신 소주 9잔은 고위험을 넘어서는 매우 위험 수준이라고 한다. 술은 기분 좋을 때 마시고 혹은 기분 나쁠 때도 마신다. 한국의 술 마시는 예절 가운데 술을 마시는 적당한 양에 대하여 일불 삼소 오의 칠과라는 말이 있다. 한잔 술로 끝나는 법이 없고 세잔까지는 부족하고 다섯 잔이라야 알맞고 일곱 잔이면 과음이 돼 먹지 말라는 말이다. 사람마다 체질이 다르다 보니 어떤 이는 주량이 많은 사람도 있지만 그렇지 못한 사람도 있다. 각자가 자기의 주량이 어느 정도인지 알고 음주문화를 즐겨야 하거늘 사람이 술을 먹는 것이 아니라 술에게 사람이 먹히는 일이 비일비재하니 참으로 안타까운 일이다.

한국에서는 회식 땐 폭탄주가 등장하고 밤거리엔 술 취한 사람들이 즐비한 모습은 익숙한 현실이다. 군에서 소대장으로 주번사관을 하다 보면 저녁 일석점호를 취할 때 한두 병사가 만취가 되어 부대의 명예를 더럽히는 경우가 종종 벌어진다. 나는 만취된 사람을 이해할 수가 없다. 이해하려고도 하지 않는다. 본인은 실수라고 강변을 토할지 모르지만 숙취한 사람에게 나는 관대하지 못한 편이다.

60년대 학창 시절 때 몇 명의 동료 친구들과 막걸리 집에 종종 간 적이 있다. 들어가자마자 으레 음식상과 더불어 아가씨들이 술상에 붙어 앉아 매상을 올리기 위해 농담도 하면서 술도 마시고 흥을 돋우며 노래도 부르며 분위기를 잡아준다. 물론 매상을 올리는데 소홀히 할 수 없겠지만 얼마나 손님들이 기분 좋게 놀다 가느냐도 업주 입장에서 도외시할 수 없다. 우리는 덕분에 흥겹게 흘러간 노래를 부르며 스트레스를 풀며 내일 일을 위한 재충전의 시간으로 즐거운 시간을 보낸다.

당시에는 노래방도 없고 그냥 머릿속에서 기억나는 흘러간 노래를 부른다. 가사를 많이 외우며 조크도 많이 준비해서 재미있게 부르며 웃기는 녀석들이 대인기를 끈다. 한쪽에서 부르면 또 한쪽에서 받아서 부르고 박자를 젓가락으로 밥상이 부서지라 내려치며 맞춰본다. 흥겹게 부르다 보면 모든 스트레스를 날려 보낸다. 어느 정도 시간이 흐르면 마무리를 하고 나오게 마련이다. 물론 그중에는 간혹 몸을 가누지 못할 정도로 숙취하는 동료도 있지만 거의 즐겁게 적당한 양의 술을 마시며 노래하면서 즐거운 시간을 갖는다. 물론 술을 마시는 사람이나 권하는 사람이나 술에 취하지 않을 정도로 조절을 해야 함은 말할 것도 없다. 자신과 다른 사람에게 정신적 신체적 사회적 피해를 주지 않을 정도로 적정하게 음주를 해야지 도대체 자신을 통제하지 못할 정도로 술을 마신다면 어떻게 음주문화를 즐길 수 있겠는가. 국내외를 막론하고 음주문화는 엄격해야 한다.

퇴근 후 통행금지 직전까지 마시다 곤드레만드레 된 친구를 데리고 가까스로 집으로 데려온 적이 있다. 안방에서 부모님이 주무시는데 이 친구 잠은 안 자고 혼자 게걸대며 중얼거리고 있어 "야, 임마, 입 좀 다물고 잠 좀 자자."라고 소리를 지른 적이 있었다. 얼마나 난처했는지 지금도 생각하면 잊을 수가 없다. 그 친구는 이미 먼 세상으로 가버렸다.

어느 날 이웃에 사는 절친한 진희 엄마가 헐떡이며 찾아왔다.

"선희 아빠, 버스정류장에 우리 진희 아빠가 만취가 되어 쓰러져 있어요. 나 좀 도와주세요."

진희 엄마가 도와달라는 말에 육중한 진희 아빠를 유도할 때 메어치는 스타일로 어깨에 걸치고 가까스로 그의 집에 데려다준 적이 있었다. 그 이후부터 나만 만나면 항상 빚진 사람처럼 미안해하는 모습이다. 그분도 역시 먼 세상으로 떠났다.

군에 있을 때 훈련이 끝나고 소대장들과 중대장 대대장과 함께 술자리가 벌어졌다. 한참 시간이 흘러 술기운이 있을 무렵 대대장은 "야, 오늘은 내가 낼 테니 마음 놓고 실컷 취하자. 마음껏 마시자."라며 놀기 시작했다. 그런데 느닷없이 소대장 한 사람이 대대장한테 반말을 하면서 맞먹으려는 태세로 버르장머리 없는 태도를 보였다. 그 시간은 잘 넘어갔는데 다음날부터 대대장한테 찍혀서 한동안 그 소대장은 구박을 받는 것을 보았다. 호랑이가 물어가도 정신을 바짝 차리라고 했거늘 말단 소대장이 겁 없이 대대장하고 맞먹으려고 하니 어느 누가 가만히 있겠는가. 술이란 활용을 잘하는 자에게는 대인관계의 촉진제가 되지만 그렇지 않을 경우 수렁으로 빠지게 되는 함정이라는 것을 알아야 한다.

지금도 전방에서 같이 근무하던 홍소위의 노랫소리가 내 귓가에 들려온다. "꽃가지 꺾어 들고 나물 캐는 아가씨여 아주까리 동백꽃이 제아무리 고와도~." 시원한 막걸리 한 잔에 흥겨운 노래를 부르던 홍 소위. 고요한 적막 속에 묻혀 있는 강원도 화천 오음리 일대가 화려한 명동거리로 변한다. 언제나 홍 소위는 술을 마셔도 즐겁게 놀 줄 알고 끝이 깨끗하였다.

술은 취하는 것이 아니고 즐기는 것이다. 한국의 음주 문화가 언제나 바뀔까.

팁, 웃으며 주고 받자

4월에 접어들었는데도 새벽이라서 그런지 뺨에 스치는 바람은 차갑기만 하다. 태평양에서 밀려오는 파도 소리는 내 머릿속에 가득 찬 필요 없는 것들을 다 씻어버린다. 스마트폰의 디바이스 케어에 들어가 있는 불필요한 저장물을 청소하는 기분이다. 해변가 걷기가 끝나면 맥도날드에 모여 삶에 대한 이야기를 나눈다. 한국 정치 이야기는 단골 메뉴지만 오늘은 '팁' 이야기가 나왔다.

팁(Tip)이라는 말은 사례금이다. 관념의 바탕이 감사이기에 받은 서비스에 대해 감사의 마음으로 정해진 가격보다 웃돈을 올려주는 봉사료를 뜻한다. 개인적으로 무엇을 부탁했을 경우나 신세를 지면 당연히 지불해야 하는 것이 관례이다. 18세기 영국 어느 술집에 'To Insure Promptness'라는 말이 술집 벽에 붙어 있었던 것이 유래가 됐다고 한다. '좋은 서비스와 신속한 서비스를 원한다면 돈을 더 지불하라'라는 뜻이다. 팁 하면 보통 식당이나 서비스 업계를 연상한다. 서비스가 좋아 기분 좋게 먹고, 기분 좋게 팁을 주고 나오면 마음이 절로 뿌듯해진다. 상대방이 기분이 좋으면 나도 절로 기분이 좋아지게 마련이다. 한쪽은 먼저 주고받는 것이고, 한쪽은 받고 나서 주는 것이다. 누이 좋고 매부 좋다는 속담이 여기에 해당되는 것 같다.

팁은 물론 강제적인 것은 아니지만 미국의 서비스 업계의 종사자들에게는 생계 수단으로 주 수입원이 될 수 있으므로 팁을 주는 것은 중요하다고 말할 수 있다. 서비스가 영 마음에 안 들면 정당한 이유를 들어서 팁을 주지 않을 수도 있을 것이다. 주고 싶은 생각이 전연 들지 않는데 주고 나면 마음이 찝찝하다. 손님 입장에서는 서비스가 마음에 들지 않아 기분이 상할 때도 있을 것이고, 종업원 입장에서는 손님이 팁을 주면서 유세 떠는 사람을 만나게 되든가, 인색한 사람을 만나면 속으로는 기분이 안 좋을 것이 뻔하다. 아무튼 팁이란 친절한 서비스에 대한 대가임에 틀림 없다.

며칠 전 80세가 다 된 노인이 60세 정도 보이는 남자가 운영하는 이발소에 갔다고 한다. 80세가 다 된 노인들의 이발이야 5분 정도 걸릴까 말까, 간단히 머리 자르고 털고 진공청소기 같은 것으로 머리카락을 정리하면 끝이다. 이발을 마치고 이발료가 얼마냐고 하니까 70세 이상은 15불이고, 그 이하는 17불이라고 퉁명스럽게 대답했다. 노인이 15불을 내밀자 주인이 받으면서 얼굴을 쓱 훑어보더니 "70세가 안돼 보이는데요."라며 언짢은 표정으로 돈통에 돈을 집어넣고는 고개를 갸우뚱하는 게 아닌가. 손님이 왜 그러냐고 하자 "팁을 안 주었지 않아요?"라며 언성을 높이더라는 것이다. 그래서 손님은 기분이 나빠 그냥 나왔다고 한다. 서로의 이유야 어쨌든 양쪽 다 기분이 언짢았으리니 안타까운 일이다.

이쯤 되고 보면 손님이 불쾌하여 팁을 주고 싶어도 주고 싶은 생각이 없어졌을 것이다. 친절하게 끝까지 봉사를 했더라면 팁이 나올 수도 있었을 것이고, 설사 이번에 받지 못했다 하더라도 다음번에 기회가 있었을 것이다. 손님도 안 놓치고…. 참으로 아쉬울 뿐이다. 더구나 종업원도 아니고 오너가 혼자 하면서 말이다.

현재 미국의 팁 문화는 서비스의 대가를 지불하는 의미로 쓰이지만, 감사의 표시를 넘어서 통상적인 관례가 되고 말았다는 사실도 인식하여야 한다. 서비스를 제공하는 입장에서는 신속하고 친절한 서비스의 대가로 웃으며 팁을 받아야 하고, 손님 입장에서는 받은 서비스에 대한 기분 좋은 팁을 지불함으로 쌍방이 모두 즐거움이 넘치는 팁 문화의 정착과 명랑한 사회가 되기를 바라는 마음이다.

장병들이여, 힘들면 군가를 부르라

28사단 의무대 윤 일병의 억울한 죽음에 유족들은 물론 대한민국 국민이라면 어느 누구도 분개하지 않을 수 없다. 아들 잃은 엄마는 부들부들 손을 떤다. 유사시에 국가와 국민을 수호해야 할 장병들, 국민의 생명과 재산을 보호하기 위해 국방 의무를 다하겠다고 입대한 젊은이들이 무엇 때문에 같은 동료를 인정사정없이 구타로 한 젊은이의 생에 종지부를 찍게 했을까. 왜 이런 참담한 사건이 터졌는지 이해가 안 간다. 가해자 장병들도 대한민국에서 20여 년 이상 살면서 교육도 받았을 텐데 눈물도 피도 없는 정서를 소유한 인간이라 생각하니 더욱 한숨이 나온다.

윤 일병은 선임병들로부터 집단 구타를 당하면서도 반항도 하지 못하고 두려움에 싸여 상급 기관이나 소대장에게 신고도 하지 못했다. 죽게 될 상황까지 갔지만 아무런 행동도 취하지 못했다. 부당한 집단 구타를 당하면서 말 못 할 이유가 있었는지? 동료들은 모두가 왜 가만히 있었는지? 소대장 중대장은 전연 부대 파악이 되지 않았는지?

　영국 식민주의자들에 대항하며 투쟁할 것을 호소하는 버지니아의 혁명 대회에서 "자유가 아니면 죽음을 달라."고 부르짖던 패트릭 헨리가 부르짖는 목소리가 들린다.

　대한민국 젊은이들의 정의는 어디로 갔단 말인가.

　나는 1963년에 소위로 임관하여 X사단 소대장으로 2년간 복무한 경험이 있다. 그 당시 전방부대에는 소대장들이 모자라 한 달에 거의 3주는 주번사관 근무로 시달려야 했다. 일과 후 통상 사병들과 함께 지내면서 소대원들을 관찰하고 감독하고 생활에 불편함이 없도록 사랑하는 마음으로 정성껏 돌보아 주었다. 부대 통솔에 가장 중요한 것이 부하를 사랑하고 엄격한 기강 확립이라고 생각하였다. 군에 기강이 해이해지면 병사들에게는 더욱 괴로움이 따르기 마련이다. 특히 소대장은 선임하사나 향도 분대장으로 하여금 선임병으로부터 후임병을 돌보도록 지시하며 그들의 행동도 주시해야 한다. 소대장 부재 시 소대원들의 내무생활 동향은 주로 전령에게서 듣는다. 다행히 내가 근무했던 부대의 소대원들은 늘 소대장을 존경하였고 주어진 임무를 충실하게 감당해 주었다.

　지금도 벽에 걸린 군사령관 표창장을 볼 때마다 나의 소대원들이 생각나며 늘 고마운 생각이 든다. 낮에는 고된 훈련, 일과 후에는 엄격한 내무생활로 심신이 지칠 대로 지쳐있지만, 나의 위로의 한 마디가 그들의 피로를 풀어 주기도 하였다. 소대장은 교육과 내무생활을 위해 절대적인 권한과 책임이 있다. 어느 부대든 몇몇 문제

병사들이 있기 마련이다. 소대장은 소대원들과 생사고락을 같이하는 전우애가 필요하고 장교로서 품위와 자질을 갖추어야 한다.

내가 근무할 때도 구타는 금물이었다. 부대 지휘를 위하여 필요할 땐 교육적인 자세로 적당한 구타와 기합을 피할 수가 없겠지만 윤 일병의 가혹행위와 같은 사건은 상상도 못 하였다. 만약 소대장이 사전에 정보를 파악했더라면 이런 엽기적인 사건은 발생하지 않았을 것이다. 아쉬운 생각이 들 뿐이다. 소대장 중대장 그리고 선임병들이여 새로운 각오로 국가와 민족을 지킵시다. 소대장은 수시로 소대원과 상담을 통하여 소대원들의 신상과 애로사항을 파악하여 문제를 해결해 주어야 한다. 군의 초석이 소대장이 이끄는 소대원들이라는 것을 명심하라. 그만큼 초급장교의 역할이 중요한 것이다. 소대장은 미래의 참모총장이다.

정신을 차려야 한다.

나의 경우로 취침 점호가 끝나고 취침 시 문제 병사들이 이따금 부대를 이탈하여 음주를 하고 만취가 되어 한밤중에 칼이나 총기를 들고 난동을 부리는 경우도 있었다. 근무에 시달리다 보면 나도 피곤한데 그럴 때면 화가 머리끝까지 난다. 그러나 침착하고 지혜롭게 처리하여야 한다. 역시 계급사회이니 어쩔 수 없는 모양이다.

난동자도 소대장 앞에서는 고양이 앞에 쥐가 된다. 그때는 어쩔 수 없이 병사들의 안전을 위해 구타와 기합이 불가피하다. 부모도 사람 돼서 제대한다면 환영할 것이다. 소대장은 엄할 때는 얼음장 같이 냉정하지만 평상시 소대원들에게 늘 관심을 가져주고 자상한 마음으로 소대를 이끌어야 한다. 소대장이 지혜롭게 소대원들을 통솔할 때 부대 내의 불미스러운 사건은 줄일 수 있으리라 믿는다. 물론 많은 젊은이가 모인 공동체에 안전사고가 전연 없을 순 없지만, 한국의 교육 제도와 징집제도의 개선, 철저한 상급부대의 감독, 초급 장교들이 철두철미한 근무 자세로 임한다면 앞으로 윤 일병 사건과 같은 비극이 되풀이되지 않고 대한민국 국군이 강군이 되어 유사시에 국가 민족을 수호하는 국군이 될 줄 믿는다.

　국군 장병들이여, 힘들면 군가를 부르라.
　눈앞에 휴전선이 보이지 않는가.

물어뜯는 개보다는 전략가가 되라

"아무리 바빠도 바늘허리에 매여 못 쓴다."라는 우리 속담이 있다. 모든 일에는 순서가 있다는 말이다.

국가사업이든 개인 기업이든 어떤 프로젝트가 있으면 우선 자료 수집은 물론이고 타당성 조사는 필수적이다. 현대사회는 그들의 목적을 효율적으로 달성하기 위해 모든 구조가 체계화되어 있다. 국가는 국가대로 기업은 기업대로 본래의 목적을 성취하기 위하여 조직이 합리적으로 마련돼 있고 그것을 운영할 능력과 기술을 끊임없이 습득하고 있다. 각 구성원의 직무를 확정하고 일정한 책임과 권한을 배분함으로써 각 직무의 상호 관계를 유지하며 견제되어 합리적인 결과를 창출해가고 있다.

국가의 행정부 조직이든, 군대 조직이든, 기업의 생산부, 판매부, 영업부와 같은 라인에 해당하는 부서가 있고 그 부서를 도와서 국가의 목적이나 기업의 목적을 극대화하기 위하여 옆에서 참모 역할을 하고 기획 조정하는 부서인 스태프 부서가 있다. 전쟁에서 승리하기 위하여 부대장 산하 각 참모부가 있듯이, 교회에도 예배와 선교가 주목적이므로 예배부나 선교부를 라인 부서라 한다면 예배와 선교를 도와주는 총무부서나 경조부서 관리 부서 같은 부서가 소위 스태프 부서라고 할 수 있겠다. 구성원들은 조직이 추구하는 목표의 종류를 이해하고 목표달성에 필요한 경쟁전략이 필요한 것이다.

내가 현역으로 있을 때도 그랬고 지금도 라인 부서와 스태프 부서의 간부들 간에는 반목과 알력이 좀처럼 사라지지 않는다. 서로 잘하려는 경쟁의식과 책임을 지지 않으려 하기 때문이다. 한나라의 고조(유방)는 천하를 통일하고 공신들에게 논공행상을 베풀 때 죽음을 무릅쓰고 전장에서 싸운 장수보다 스태프 부서인 기획조정을 담당하는 '소하'라는 신하에게 더 힘을 보태 주었다.

형평성에 대해 불만을 토로하는 신하들에게 고조가 한 말이다.

"사냥을 생각해보라. 짐승을 물어 죽인 것은 개지만, 개를 풀어서 지휘한 것은 사람이 아닌가. 개와 사람 중에 누가 더 공이 클까?"

남북공동 선언에는 올해 내 동서해선 철도망 도로 연결을 위한 착공식을 한다고 천명돼 있다. 이를 받아 스태프는 남북공동 현지조사를 하고 유엔사와 합의하겠다고 밝혔다고 한다.

그런데 앞뒤가 안 맞는다. 유엔사와 사전 협의와 동의 없이 현지조사 계획이 발표되었다면 유엔사는 당연히 기분이 안 좋을 것이다. 이런 프로젝트가 있으면 당연히 담당 부서 및 스태프 부서에서

면밀히 타당성 조사와 충분히 검토한 후에 책임자에게 건의를 했었다면 더 바람직스러운 원안이 나오지 않았나 생각된다. 중소기업체의 리더는 주먹구구식으로 밀어붙이는 경우도 종종 있다. 물론 그런 경영으로 대기업을 일궈낸 경우도 없지 않아 있지만 모든 일에는 때가 있기에 순서대로 가는 것이 옳지 않을까.

한미정상회담에서 큰 물줄기가 잡혔다고 국제법도 무시하고 한미관계도 꼼꼼히 고려하지 않는다면 앞으로 나가기란 더욱 힘들지 않겠는가. 평화라는 큰 보물을 잡기 위해 담당 부서와 스태프들은 더 많은 노력을 하며 리더에게 정확한 방향을 제시해야 할 것이다.

일체유심조(一切唯心造)

 서너 달이나 남은 계획 일정표를 무심코 바라보고 있노라니 한편으로 마음이 무거우면서 흐뭇한 코웃음이 나온다. 서울 친구가 모처럼 라스베이거스에서 휴가를 보낼까 하는데 같이 시간을 보내자는 권유에 일정을 잡아 놓은 것이다. 이따금 일정표에 그날을 유심히 바라보면서 공상에 묻혀 자신도 모르게 미소를 지으며 중얼거린다. 웬일인지 희망이 보이는 것 같기도 하다. '사람의 마음이란 참으로 간사하구나.'
 무더운 더위 속에 군사 훈련을 받을 때나 회사에서 세미나 할 때는 한 시간도 길고 지루해서 모가지를 이리 빼고 저리 빼면서 몸을 비비 꼰 적이 한두 번이 아닌데 두 달이면 아직도 1,440시간이나 남았다고 생각했건만 벌써 시원한 라스베이거스 한 호텔 방에서 여유 있는 시간을 가지고 글을 쓰고 있으니 나도 모르게 두 달이 훌쩍 흘러간 것이다. 이곳에서의 시간은 더 빠르다. 지루하다 싶으면 피트니스에 가서 운동도 하고 스파도 하고 수영도 하며 또 게임도 하다 보면 재미를 볼 때도 있고 거기다 멋진 뷔페를 먹는 맛은 금상첨화다. 시간은 고장도 없이 돛대도 아니 달고 삿대도 없이 가기도 잘도 간다. 은하수를 넘어서 구름 나라로 또 그곳을 지나면 어디로 가나. 내 젊음의 근육을 도적질해가는 세월아. 포타슘을 제아무리 근육에 저장한들 막을 수가 있으랴. 백발이 먼저 알고 지름길로 오지 않는가.

시간은 마술쟁이인가 봐. 기다리지 않는 시간은 빨리 오고 기다리는 시간은 거북이걸음으로 느껴왔는데, 이제는 일일여삼추도 사라지고 모두가 강물처럼 빠르게 흘러갈 뿐이다. 젊은 세월은 잡을 수가 있다손 치더라도 노년의 세월은 그 누가 잡을 수가 있으랴. 젊음은 능동적인 시간이요, 능동적인 시간은 유수와 같이 흐르지만, 수동적인 시간은 노년 시절로 에너지가 떨어져 힘겹게 기적을 울리며 한적한 시골 언덕길 모퉁이를 돌아가는 황혼 열차라고 생각했지. 하얀 뭉게구름 뿜으며 푸른 하늘에 수놓으며 느긋하게 돌아가는 열차, 안개 속에 싸인 이 열차가 이제는 노객들을 태우고 끝이 보이지 않는 세월의 지평선을 향해 이리도 빨리 달려간다는 것을 예전엔 미처 느껴보지 못했다. 어찌 청춘 열차가 황혼 열차를 따라잡을 수 있으랴.

이제 고희가 넘은 나에게는 세월이 총알이라고 해도 무리는 아닐 것 같다. 더 멀리멀리 달리다 보면 해는 저물고 인생의 그 날을 정녕 피할 수 없는 날이 오리라. 과연 그 때에 나의 인생을 뒤돌아보면서 후회하지 않을 자신이 있을까. 올해에도 8월의 여왕이 춤을 한껏 추고 있으니 진땀 흘리며 휴가 한번 다녀오면 어물어물 크리스마스를 맞게 되고 그러다 보면 또 한해는 저물리라.

우리는 예정대로 105도를 넘나드는 사막의 도시, 라스베이거스에서 며칠간의 여유 있는 휴가를 보내고 있다. 세계적인 관광과 갬블 도시의 호화찬란한 불빛을 멀리서 바라본다. 우리는 시내 중심가에서 멀찌감치 떨어진 호텔에 자리 잡고 있다. 카지노에는 빈자리가 수두룩하지만 떠들썩한 음악과 슬롯머신 소리, 환희의 넘친 목소리들이 여기저기서 튀어나온다.

에어컨의 시원함으로 더위를 잊은 채 모두 정신없이 게임에만 열중하는 휴가객들이 제 나름대로 즐기며 뭔가 좀 잡아 보겠다는 눈초리였다. 가슴속에 쌓였던 스트레스를 몽땅 털어 버리려는 심사일까. 휠체어에 앉아 불편한 몸으로 정신없이 게임에 열중하는 노인도 있었다. 말은 없지만, 육신의 아픔을 잊기 위해 게임에 의지하며 몰두하는 것이 아닐까. 삶의 괴로움을 잊기 위해 한곳에 열중하는 사람을 누가 탓하랴. 그들에게도 고통과 아픔과 스트레스를 해소하는 멋진 휴가가 필요하리라. 어떤 이의 얼굴에서는 무언가 그들의 아쉬운 마음도 읽을 수가 있다.

나도 그들과 함께 카지노의 도가니 속에서 나의 가슴속 한 모퉁이에 지워지지 않은 아쉬움과 후회를 녹여 버리고 싶었다. 잔혹한 더위에도 녹지 않은 지난날의 후회, 꽁꽁 얼어붙은 얼음처럼 뇌리에 박혀있는 괴로움과 아쉬움을 몽땅 날려 보내고 싶다. 그들은 말없이 자신만이 입은 한 줌의 상처를 부둥켜안고 새로운 꿈을 꾸며 이 시간만이라도 아련한 추억으로 돌리려고 슬롯머신과 몸부림치며 안간힘을 쓰고 있는 모습이다.

희미하게 전화벨이 울린다. 노인은 한 손으로 전화를 잘도 받는다. 세계적으로 스마트폰의 열풍이 불고 있다. 나도 그 열풍에 밀려 스마트폰을 사용하게 됐다. 어디에서나 우리의 생활의 필수품이 되었다. 음악도 들을 수 있고 일정표도 관리할 수 있다. 카메라, 내비게이션, 카톡, 계산기, 이메일 등 적당한 앱을 활용하여 생활에 많은 도움을 받는다. 영어사전, 국어사전, 성경을 유용하게 사용하면서 감사함을 느낀다.

자신을 다스리지 못하고 해야 할 일을 마다하고 스마트폰에 미치는 사람이 있다. 무엇이든 할 때 하고, 끝내야 할 때 끝낼 줄 아는 지혜와 결단이 있어야 한다. 스마트폰은 음란성, 폭력성, 중독성, 해킹 가능성, 허위 사실 유포 등 사회적인 논란의 단점도 있다. 길거리를 걸어가면서 문자를 찍는 것은 정말 꼴불견이다. 누구든 스마트폰을 처음 대하면 기차를 처음 본 조선 시대 선비처럼 격세지감도 느낄 것이다. 내 또래의 친구들에게 스마트폰을 사용하라고 권하면 십중팔구 "이 나이에 무슨 스마트폰이야."라고 말하면서 "전화기는 전화만 잘 되면 되지."라며 열을 올리는 사람도 있다. 사람이란 참으로 천태만상으로 창조되었다. 하지만 끊임없이 변화되는 사회에서 적당한 어플리케이션을 활용하여 삶의 질을 높이는 열성도 필요하다. 노인도 변해야 되지만 스마트폰에 중독이 돼서 타인에 해로움을 준다든가 본인의 정상적인 생활을 벗어나는 일이 있어서는 안 된다. 상공은 뚫려 스마트폰 수출이 엄청나다.

불행하게도 해상 통로는 막혔다. 물류대란이 일어났다. 수출 주도형인 한국 경제에 큰 타격을 입게 됐다. 배들은 항구에서 거부당하고 입항된 컨테이너들은 하역회사들의 작업 기피로 정체돼있고 트러킹 업체들도 거들떠보지 않는다. 무역업자들은 납기 지연으로 큰 손실을 보게 되며 물품 제조업자들과 유관업체의 고용인들은 얼마나 고통을 당할까. 물류대란으로 국가적 손실은 말할 수 없다. 기업을 이 지경으로 몰고 간 사주는 반사회적 행위를 자행하며 정부는 각주구검으로 해결책이 지연되고 있다. 정부와 사주는 물류대란에서 조속히 벗어날 수 있도록 최선을 다해 상처를 최소화할 수 있는 마음을 다스려야 할 줄 안다.

자신의 마음을 다스린다는 것이 얼마나 어려운가. 수로를 만드는 사람은 물을 끌어오고, 화살을 만드는 사람은 화살대를 곧게 하고, 목수는 나무를 다듬고, 어진 이는 자기 자신을 다스린다고 하였다. 모든 일에 자신의 정신이 바로 서지 않으면 집안을 정제할 수도 없고 나라를 다스려 천하를 평정할 수도 없다고 하지 않았던가.

라스베이거스에서 즐거운 휴가를 보내는 일, 스마트폰을 유용하게 사용하는 일, 기업인들이 일의 파이는 넓히데 탐욕을 버리는 일, 정부는 나라를 다스리는 지혜를 가지고 정치를 하며 우리 모두가 자신의 마음을 잘 다스려 준다면 이 사회는 모름지기 풍성하고 행복한 사회가 될 것이다. 일체유심조, 모든 것은 마음먹기에 따라서 달라지지 않겠는가. 자신의 마음을 잘 다스린다는 것은 역시 보통 일이 아니다.

쓸개가 빠지고 있지 않은가

 세월호 침몰 사고 시 선장과 승무원들의 이해할 수 없는 행동, 대통령에 대한 욕설, 국무총리에게 물을 뿌리고, 공무원에게 뺨을 때리고, 22사단 GOP 임 일병 총기 난사 사건, 28사단 윤 일병 구타 사망 사건 등등 연일 신문에 비이성적인 사건들이 보도되고 있다.

 동방예의지국이라는 한국인의 모습은 전연 찾아볼 수가 없다. "장병들이여 힘들면 군가를 부르라"라는 나의 글을 읽은 워싱턴 디시에 거주하는 친구로부터 이메일이 왔다. 그는 ROTC 1기 동기생이다.

 "백 소위, 신문에 실감 나게 쓴 글 잘 읽었구먼. 옛날 소위 시절이 주마등처럼 지나가더군. 우리 소위 시절에는 그런 일이 없었는데… 가치관이 변했나? 세상이 포악해졌나? 우리 소위 시절에는 소대장이 소대원들을 애정을 가지고 보듬어 주었는데… 우리 소위 시절에는 상급자가 하급자를 아껴주었는데… 선임자가 수임자의 형 노릇을 했는데… 소대 안에 정이 흘렀고 전우애가 넘쳐흘렀는데… 황우도강탕, 도레미화탕을 먹고도 국방 의식, 반공 의식이 철두철미했는데… 어쩌다가 전우를 두들겨 패 죽였는지… 목숨을 걸고 전장에서 함께 싸울 전우를 패 죽이다니… 상상을 초월하는구면. 무언가 한국 사회가 구조적으로 잘못되어 가고 있는 것 아닌가. 정치에서부터 사회, 교육, 법치, 경제, 종교, 가정 등등 여러 분야에서 말일세. 고질적인 그릇된 정서, 의식구조, 사고방식을 확 뜯어고칠 수 있는 방안을 모색해야 하지 않겠는가?

왜 이 같은 끔찍한 일이 생겼는가? 그 원인은 무엇인가? 어디에서부터 그 원인을 찾아야 하는가? 심각하게 연구, 분석, 검토해서 장기적인 대책을 세워야 할 것 같네. 혹자는 한국이 무섭다, 한국 사람이 무섭다, 하더군. 한국이 무섭다니? 한국 사람이 무섭다니? 아니 그게 무슨 말인가? 사람과 사람 사이에 안전에 위협이 도사리고 있다는 징표가 아니겠는가?

사람 마음이 편안하고 평안해야 되네. 그래야 행복도 있고, 건강도 있는 게 아닌가? 그런데 그런 끔찍한 사건이 벌어지고 있으니 쯧쯧…….

백 소위, 자네 말대로 우리 군가나 부르세."

나는 반세기전 정 소위 모습을 떠올리며 힘차게 군가를 불러본다. "우리는 젊은 사관 피 끓는 장교단…." "전우의 시체를 넘고 넘어 앞으로 앞으로, 낙동강아 잘 있거라 우리는 전진한다."

하루속히 한국 정치의 부끄러운 모습이 사라지기를 바랄 뿐이다.

억지 주장으로 국론 분열을 조장하고 온 국민은 답답해하고 해외 동포들의 심사마저 답답할 따름이다. 위정자들의 부패, 뇌물, 부도덕, 비리, 욕지거리, 사기, 가짜, 변절, 배신, 정치 부재, 무법천지, 무질서 조작, 잔머리 등 이런 달갑지 않은 용어들은 신문이나 잡지 인터넷 등에 회자되고 있는 말이다. 언제 사라질는지?

군의 초석은 소대장이 이끄는 소대원이라는 것을 명심해야 한다. 그만큼 초급장교의 역할은 중요한 것이다. 소대장은 미래의 참모총장이다. 피 끓는 많은 젊은 장병들이 생활하는 부대 내에서 안전사고가 전연 없을 순 없지만 한국의 교육제도의 개선으로 한국 국민의 의식구조를 바꾸고 징집제도의 개선, 철저한 상급 부대의 감독, 초급 장교들의 병영생활에서 철두철미한 근무 자세로 임한다면 국방부 장관이나 참모총장은 신상에 안일함을 추구하지 않는 한 국토 안보에 더욱 큰일을 할 수 있을 것이다. 부대를 해체해야만 되는 극단적인 특단의 방안은 사라질 것이다. 사랑하는 아들들을 군에 보내놓고 늘 불안한 마음으로 부모들이 하루하루를 보내야 하겠는가.

짜가가 판치는 세상

　요즘은 저녁만 먹고 나면 태블릿 피시를 들고 서재로 들어가 유 튜브를 여기저기 돌아가며 듣는다. 태극기 집회를 비롯 촛불 집회 탄핵 기각과 인용에 관한 패널리스트들의 의견을 듣는가 하면 대선 가시화로 판단한 후보들의 공약도 들을 기회를 접한다. 실현 가능성 여부는 고사하고 모든 발언과 기사가 진짠지 가짠지 헷갈려 납득하기 어려운 부분들을 많이 접하게 된다. 한 주제를 놓고도 의견이 저렇게 다른데 우리에게 남북통일이라는 말은 참으로 멀고 먼 어려운 단어가 아닌가 생각이 든다. 우리는 남과 북이 대치한 상태로 자유 민주주의를 지키기 위하여 외부의 군사적 도발과 위협으로부터 영토와 주권을 지켜야 할 숙명적인 과제를 가지고 살아간다. 그러므로 국가의 미래와 차기 대통령에 대한 관심은 더욱 고조되고 편견을 버리고 올바른 판단을 하기 위하여 열심히 듣고 배워서 정치적 감각을 키워가는 것이다. 마누라는 멀리 떨어져 정치를 할 것도 아니고 미국 시민권자가 뭐 그리 관심이 있어 난리냐고 아우성이다. 몸은 떨어져 있어도 어찌 나라 걱정이 되지 않겠는가.

가수 신신애의 〈세상 요지경〉이란 노래가 생각이 난다. 여기도 짜가 저기도 짜가 짜가가 판친다.

세상이 점점 짜가가 판치는 마당에 정통 미디어마저 잠시나마 언론의 역할을 제대로 하지 못해 불신을 자초했다. 그들은 사실 보도가 생명이라는 것을 망각했으며 독자들로부터 외면당해 많은 소규모의 매체들을 등장하게 만들었다. 정치인들은 의리를 저버리고 국민은 흑백으로 편이 갈려 진영논리가 판을 쳐 지긋지긋한 정쟁으로 가짜가 진짠지, 진짜가 가짠지, 도대체 이해할 수 없는 한심하고 혼란스러운 요지경의 나라가 되었다. 이럴 때일수록 정통 미디어는 용기 있게 진실만을 보도하며 국가의 방향을 제시함이 언론의 사명이 아닐까.

대통령이 뭐길래, 대통령 되는 데만 눈이 시퍼렇고 나라의 미래는 도대체 염두에도 없는 정치인들, 옳고 그름을 제대로 말 못 하는 용기 없는 지식인들, 한국의 현실을 제대로 파악하지 못하는 대통령 후보들, 국민은 누가 대통령이 되는 것보다 나라를 바로 세워 나라가 바로 가기를 원하고 있다. 군주민수(君舟民水)가 아니던가. 모든 것들이 제자리에 있을 때 조화가 이루어지는 것이다. 어쩌다가 이민족은 한번 틀어지면 화해할 줄을 모르는 민족이 되었는가. 잘못을 발견하면 반성할 줄 알아야 되고 의회 민주주의 원칙으로 다수가결의 원칙에 의해 결정 후 시행하다 시행착오가 있으면 바로 고치면 될 것을 해보지도 않고 내 주장만이 옳다고 우겨댄다.

내가 대통령이 반드시 되어야 한다. 나 아니면 안 된다. 내 주장만이 관찰되어야 한다는 논리. 양보라는 것이 도대체 없다. 이편저편 편이 갈라져서 서로 물고 뜯는다. 진정으로 조정과 타협이 필요하지 않는가. 양보와 포용이 아쉬울 뿐이다.

오늘이라는 세상이 왜 이렇게 바뀌었는가. 물을 보고 불이라 하고 불을 보고 차다 하니 백을 보고 흑이라고 우길 수밖에 없지 않은가. 명예와 목숨을 걸고 불의와 싸우는 양심적인 사람이 아쉬울 뿐이다. 모든 것이 인간의 탐욕에서 나온 것이 아닐까. 술집 아가씨가 대학에서 공부하면 멋있고, 대학생이 술집 가서 일하면 천하다고 판단하는 것도 보는 사람의 관점에 따라 달라질 수가 있을 것이다. 관점이 다르다 보니 의견이 다를 수도 있을 것이다.

그러나 작금의 한국 사태는 너무나 어처구니가 없다. 누구를 탓하랴. 누워서 침 뱉기지. 서로 원수진 것도 아닌데, 구약의 아브라함의 여종 하갈의 아들 이스마엘과 사라의 아들 이삭과의 갈등에 하나님은 아브라함에게 네 여종이나 네 아이로 말미암아 근심하지 말고 사라의 말대로 쫓아내라. 결국 쫓겨났지만, 하나님은 여종의 아들 이스마엘도, 본처 사라의 아들 이삭도, 네 씨니 한민족을 이루게 하리라고 축복해 주셨다. 이제 우리는 정신을 차려야 한다. 병든 사회, 균형 잃은 사회, 포용성이 상실된 세상을 날려 보내자.

chapter 4

한국의 위상을 지키자

유비무환의 정신
고집과 포용의 조화
위베르 특공대의 사명감
한국의 위상을 지키자
로스앤젤레스의 열린음악회
전원 재시험이라니
입으로 운전하는 사람
선거봉사자의 하루
아침은 밝았는데
자기밖에 모른다니

유비무환의 정신

캘리포니아가 결국 또 셧다운을 공포했다. 캐빈 뉴섬 가주 주지사는 최근 코로나19 확진자의 입원 환자 수가 급증한 것을 언급하면서 30여 곳 카운티에 다시 봉쇄령을 내렸다. 미용실 교회 쇼핑몰 실내영업 중단 등 코로나19가 온 세상을 뒤흔들어 놓고 있다. 우리들의 일상생활은 겪어보지 못한 많은 변화로 이어졌다. 2차 대유행 조짐이 보이는 가운데 속수무책으로 바라만 보고 있다가 다시 셧다운이 이루어진 것이다.

미국인이 본래 법을 잘 지키는 국민이 아닌가. 방역 안전 수칙을 잘 지켜 안전한 국가로 만들어야 할 의무가 있는 자존심 있는 미국인들이 이번에는 바닷가를 가지 않나, 하라는 마스크도 안 쓰고 거리 두기에 소홀히 하고 유비무환의 정신을 저버린 것 같다.

'유비무환'은 "준비가 있으면 근심이 없다."라는 말이다.

우환이 없고 뒷걱정을 없애려면 반듯이 준비해야 한다. 중국의 은나라 고종시 부열이라는 재상이 임금에게 "생각이 옳으면 이를 행동으로 옮기되, 시기에 맞게 하십시오. 그것을 자랑하면 공을 잃게 됩니다. 모든 것은 갖춘 것이 있는 법이니 갖춘 것이 있어야만 근심이 없게 될 것입니다."라고 말한 내용에서 유래됐다고 한다.

개인이든 단체든 국가 기관이던 사람이 모인 곳이나 기거하는 곳에서는 언제 어디서 무슨 사고가 발생할지 모른다. 항상 각종 안전사고 예방조치를 해야 하며 재난 발생 시를 대비하여 철저한 교육과 훈련을 통해 만일에 대비하여 만전을 기하여야 한다.

안타깝게도 지난해 서울에서 한 20대 여성이 자택에 화재가 발생했는데 불길 속에서 판단 미숙으로 생후 12개월 된 아기를 구하지 못한 채 집 밖으로 피하고 아기는 숨지고 말았다는 소식이 있었다. 언론 보도 내용으로 보면 엄마는 화재 당일 안방 침대에 아기를 혼자 재워 놓고 전기장판을 켜놓은 뒤 안방과 붙어있는 작은방에 들어가 잠이 들었다고 한다. 불은 안방의 전기장판에서 시작됐다.

아기의 우는 소리를 듣고 잠에서 깨어난 엄마는 안방을 열어보니 연기가 들어찬 방안 침대에 아기가 있는 것을 발견하였다. 2m 떨어진 아기를 즉시 들러 엎고 밖으로 나왔으면 좋았을 것을 당황해서였는지 현관문부터 열어 집안에 차 있는 연기를 빼야겠다고 판단하고 현관문을 열고 다시 아기가 있는 안방으로 향하는 사이 불길과 연기가 더 거세졌다고 한다. 엄마는 다시 밖으로 나와 도와줄 사람을 데리고 와야 되겠다고 판단했는지 1층까지 내려가 행인의 도움을 요청했다는 것이다. 불길은 그사이 더 번져 엄마도 행인도 집 안으로 들어가지 못해 결국 아기를 숨지게 하고 말았다.

　엄마가 적절히 행동했더라면 아기를 충분히 구할 수 있는 상황이 아니었던가. 엄마의 잘못된 판단으로 결국 아기를 구하지 못하였다.

　사람이란 실수가 있는 법. 그러나 엄마가 단 한 번이라도 화재에 대한 관심과 교육을 받은 사실이 있다면 화재 발생 시에 잠재의식에 의해 자동적으로 아기를 감싸 안고 나오지 않았을까 생각해 본다. 전염병 확산으로 혼란에 빠진 우리는 마스크 쓰기, 사회적 거리두기, 손을 자주 씻고 보건 당국의 지침에 따라 전염병 예방에 적극 협조하고 준비해야 할 시기가 아닌가 생각해 본다. 너도 나도 방역수칙을 꼭 준수하자. 유비무환(有備無患)의 정신으로 코로나 바이러스 감염을 막아내자.

고집과 포용의 조화

한국 사회는 정부의 소득 주도 성장이란 경제정책을 놓고 갑론을 박으로 시끄럽고 이곳 로스앤젤레스에서는 한인 모 교회의 안타까운 교회 분쟁으로 골치를 앓고 있다. 서로 주장이야 일리가 있겠지만 주장이 고집으로 변하면 억지를 부리고 우겨대고 오기를 부리게된다. 자기주장에 집착이 되어 다른 사람의 조언이나 의견을 무시하기 마련이다.

포용이란 말은 상대방을 받아들이다, 혹은 감싸 준다거나 덮어 준다는 의미로 통한다. 어떤 사건을 풀기 위하여 고집이 센 사람과 대화를 할 때 원만히 해결이 안 되는 것도 고집과 포용의 조화를 이루지 못하기 때문이다. 사람이 살다 보면 예기치 않은 일이 일어날 수 있다. 누가 잘하고 못하고를 떠나 고집으로 인한 조직의 파괴로 많은 사람들이 큰 상처를 입고 떠나는 경우도 있고 그 조직이 만신창이가 되어 수십 년간 쌓아온 서로의 신뢰가 한순간에 무너질 수도 있다.

고집을 자기의 소신이라고 강변한다면 굳이 탓할 일도 아니다.

다수가 반드시 진리가 될 수 없고 소수가 때로는 만고의 진리가 되는 수도 있다. 고집은 다수 쪽보다는 소수 쪽에 더 가까운 것 같다.

16세기 폴란드의 천문학자인 니콜라우스 코페로니쿠스(1473-1543)는 태양중심설을 고집했으며 이탈리아의 철학 수학 물리 천문학자인 갈릴레오(1564-1642)도 그를 뒷받침하여 자동설을 고집했다. 태양을 중심으로 지구가 돈다는 것이다. 그는 마지막 생애를 로마 교황청에 의해 가택에 구류되어 생애를 보내기도 했다. 교황청은 왜 포용을 하지 못했을까. 고집과 포용은 어느 한쪽의 독점물은 아니다. 서로가 상황에 따라 감싸주는 일이 일어난다면 세상은 더 밝은 세상이 될 수도 있을지 모른다. 갈릴레오의 그 고집으로 천문학의 발달은 상상할 수 없을 정도로 인류의 변화를 이끌어냈다.

고집과 포용의 적절한 관용이 없는 한 그 결과로 인해 많은 사람이 헤어 나올 수 없는 늪에 빠져 고통을 당할 수 있다는 것도 유념해야 한다. 아집에 빠져있는 사이에 공동체의 모든 구성원은 마음의 상처와 실의에 빠지고 파탄에 직면하는 경우가 발생할 수도 있다. 소 잃고 외양간 고치는 격일 것이다. 물론 세상을 살면서 내가 옳다고 생각한 것을 주장하는 것은 나쁜 것은 아니다. 하지만 주변을 살피지 않고 본인의 주장만 옳다고 고집을 부리는 것은 전체를 스스로 피곤하게 만든다. 삶을 살아가는 데는 바르고 옳게 살아가는 것이 중요하다. 하지만 주위 사람과 함께 더불어 살아가는 것은 더 중요하지 않은가.

위베르 특공대의 사명감

 여행 자제 국가인 아프리카의 '부루키나 파소'에 여행하다 무장단체인 '카티바 마시나'에 의해 28일간 억류돼 있던 1명의 한국인 여성을 포함하여 4명의 인질을 프랑스 정부는 해군 위베르 특공대를 투입시켜 구출해냈다.
 위베르 특공대원 2명의 상사는 안타깝게도 무장단체 근거지 10m 전방까지 와서 그들에게 노출되었다. 인질들의 안전을 위해 발포하지 않고 육탄전으로 진압을 시도하다 결국 애석하게도 근접 사격을 받고 숨지고 말았다. 그 늠름하고 출중한 얼굴의 특공대원 두 명의 상사가 희생된 것이다. 나는 보병 소대장으로 복무하면서 각종 전투훈련과 기동훈련 야간 도하작전 등 지난날을 회상하며 부하를 잃은 기분에 싸여 더욱 안타까움을 금할 길이 없다.
 무모한 관광객 때문에 두 영웅을 잃었다. 정부의 경고를 무시하고 위험지역에 간 여행자 책임론도 들끓고 있으며 프랑스 여론은 싸늘하다. 희생된 베르통셀로 상사의 아버지는 언론 인터뷰에서

"아들이 고등학교 졸업 후 원하던 해군에 들어가면서 항상 걱정하지 말라고 했다. 이번 작전은 아들에겐 좋지 않게 끝났지만 다른 사람들에겐 성공적인 임무였다. 할 일을 한 것이다."라고 말했다. 이 얼마나 위대한 아버지의 말인가. 아버지의 그 말을 들으며 반성할 일이 너무 많은 것을 느낀다. 가슴이 뭉클해진다. 자식 가진 부모라면 그 누가 아들의 희생에 슬퍼하지 않을 수가 있겠는가.

두 상사는 사명감을 가지고 살아온 군인이다. 힘이 들고 피곤하고 아파도 주어진 일을 제대로 해내려는 의지를 가지고 있었을 것이다. 한국에도 그런 사람이 있었다고 박태준 회장은 포항제철 창립 이념인 제철보국 정신으로 '철은 산업의 쌀'이라고 외치며 포항제철을 일궈냈다. 기필코 제철소를 성공시키겠다는 박태준의 의지와 사명감이 있었기에 세계 굴지의 제철소가 탄생된 것이다. 한국 국회는 사명감이 있는가. 국민은 안중에도 없고 사명감이라고는 눈을 씻고 찾아보아도 보이지 않는다. 제 밥그릇 챙기기에 바쁜 그들만의 싸움을 계속하고 있다. 부끄럽다.

이 시대에 우리는 너무나 많은 사명감이 필요한 때에 살고 있다. 국가의 사명, 언론의 사명, 교회의 사명, 모두가 잘 감당해 나아가야 할 사명감이 필요하다. 위베르 특공대원 두 상사는 군인으로서 자기의 사명을 잘 감당한 군인이었다. 인류의 자유와 독립을 보존하고 국토를 방위하며 국민의 생명과 재산을 보호하고, 나아가 국제평화 유지를 위하여 목숨을 바친 것이다. 국민의 생명을 지키는 군인, 정말 찬사를 보내고 싶다. 프랑스 마크롱 대통령은 두 군인을 영웅으로 호칭했으며 '레지옹 도뇌르' 훈장도 수여했다. 그들에게 진심으로 조의를 표한다. 전사한 2명의 위베르 특공대를 생각하며 우리 사회의 낯 뜨겁고 민망한 일들이 하루속히 사라지기를 바란다.

한국의 위상을 지키자

　영국의 사상가 토머스 모어는 "윗사람에게 겸손한 것은 복종이요, 동료에게 겸손한 것은 예의요, 아래 사람에게 겸손한 것은 고귀한 미덕이다."라는 말을 남겼다. 겸손은 미덕이지만 지나친 겸손은 국제관계에 역효과를 가져올 수도 있다.
　인간관계에 있어 부드러워지기 위해 우리는 상대방에게 먼저 인사하는 경향이 있다. 자국 우선주의로 자국의 이익을 우선으로 하는 세상이 된 요즈음 국제문제를 해결하기 위하여 상대를 존중하며 해당 업무에 관한 전문 지식을 가지고 접근하는 것은 필수적이다. 상대에게 이익을 주면서 나도 이익을 얻는 것, 이것이 분업화된 세계 경제와 지역 특성이 가져다주는 서로의 이익을 창출하리라고 믿는다. 세계는 더불어 살아가야 간다. 무역전쟁 안보 관계 인권 문제 환경 문제 등 세계인의 공존을 위해 국가 간에 해결해야 할 문제는 날이 갈수록 산적되어 가고 있다.
　이런 문제가 잘 해결될 때만이 세계의 평화를 이루어 낼 수 있을 것이다.

    요즘 벌어지고 있는 국제회의를 비롯해 남북회담 진행 상항을 보고 있으려면 한국 측은 너무 겸손한 자세로 북한 눈치 보기와 대북 저자세로 비난을 당하고 있다. 국격에 영향을 미치지나 않나 염려된다.

    지난 9월 15일 판문점 남측구역 평화의 집에서 열린 남북고위급회담에서 북측 대표인 조국 통일 위원장이 남측 대표인 통일부 장관에게 "바로잡을 문제들이 있다. 남측이 더 잘 알 거다. 연말까지 분투하기를 기대한다."라고 하자 통일부 장관은 "말씀 주신대로 역지사지하며 풀어가겠다."라고 겸손하게 대답했다. 평양에서 열린 회의에서도 2~3분 늦었다고 "단장부터 앞장서야지."라며 북측 대표가 면박을 주어, "시계가 고장 난 때문"이라고 해명하자, "시계도 주인을 닮아서 그렇게 늦네."라며 재차 핀잔을 주었다고 한다.

    상대방의 오만한 자세와 말투는 전연 묵과할 수 없는 자세라고 생각된다. 통일부 장관은 대꾸도 안 하고 넘겼다고 한다. 이북 사투리로 무뚝뚝을 떨었으니 오죽하면 대꾸도 없이 넘어갔겠는가. 그러나 일국의 대표로서 할 말은 하고 넘어갔어야 되지 않았나하는 아쉬움이 있다. 겸손을 겸손으로 받아주지 않는 상대방, 북한의 눈치만 보는 꼴이 되었으니 당연히 야당에서는 한국의 서열이 높은 장관이 북한의 사무관 정도로 취급받고도 그대로 넘어갔냐고 목소리를 높이지 않았던가. 국가의 대표가 모욕을 당한 것은 온 국민의 수치감을 불러일으킬 수도 있기 때문이다. 국격이 떨어지기 때문이다. 한국 측 대표도 늠름한 자세로 자신 있게 대응할 수 있는 패기가 필요하지 않았나 생각이 든다. 겸손하게 대하면 겸손할 줄 알아야 되는데 윽박지르면 되겠는가. 때로는 지나친 겸손은 해가 될 수도 있다.

남북대화의 중요성은 절실하다. 하지만 지켜야 할 원칙과 금도가 있지 않은가. 북측의 외교 무례와 과도한 요구는 단호하게 일축하고 인권과 언론 자유 등 우리 공동체의 근본 가치를 지키면서 남북대화로 평화를 모색하여야 한다. 이것이 한국의 위상을 지키는 길이고 평화를 이룩하는 길이 아닐까. 평화로 인해 우리의 삶이 더 발전해야지 다시 보릿고개를 넘으려고 해서야 되겠는가.

트럼프 대통령이 미국과 옛 소련 간에 체결했던 중거리 핵전력 폐기 조약을 파기할 뜻을 밝혀 신냉전시대로 들어가지 않나 우려되는 시점에 와 있다. 중국과 일본이 6년간의 냉각기를 끝내고 새로운 중·일 관계의 격상과 대규모 경제협력 등을 핵심 내용으로 하는 공동선언을 채택했다고 한다. 우리도 냉엄한 국제사회의 현실을 직시하며 실리 외교를 추구하여야 한다. 남북 평화를 구실 삼아 북한의 무자비한 요구로 한국의 대들보가 무너지는 일이 있어서는 안 되겠다.

로스앤젤레스의 열린음악회

　봄이 오는 소리가 정녕 들리는 것 같은데 어둠이 찾아오면 싸늘한 추위가 엄습해오는 곳이 이곳 로스앤젤레스의 일기이다.
　이민 초창기에 낯선 이곳에 도착해 환경을 무시하고 일기예보에도 별 신경을 쓰지 않고 골프장에 갔던 적이 있다. 그날따라 비가 몹시 내려 비를 흠뻑 맞으며 덜덜 떨었던 일이 있었다. 그런가 하면 야외음악당에서 체력만 자랑하던 나의 오만이 밤하늘을 바라보며 싸늘한 추위로 혼쭐이 났던 경험도 있다. 이런 것들을 교훈 삼아 이제는 저녁 야외행사에 간다고 하면 으레 미리미리 두툼한 옷을 준비하는 것은 자연스러웠다. "…대한 사람 대한으로 길이 보전하세."가 끝나자마자 뒤이어 가수 박정현의 미국 국가가 이어졌으며 미주 한인 이민 111주년을 기념한다는 한인회장의 인사말에 이어 총영사 그리고 KBS 사장의 즐거운 시간을 되라는 간단한 인사가 이어졌다.
　'LA-K팝 페스티벌'이 본격적으로 개막된 것이다. 대한민국의 내로라하는 K팝 스타들을 비롯해 국악소녀, 트로트 스타를 비롯해 가수 총 13팀이 참가했다. 행사장은 10만 명을 수용할 수 있다는 LA 메모리얼 콜로세움 경기장을 꽉 메운 관중들의 뜨거운 열기로 추위도 잊고 시종일관 들뜬 분위기였다. 한류의 한판 잔치가 벌어진 것이다. 각 지역에서 4만여 한류 팬들이 참여했고 이 중 30%가 타 인종이라니 정말 놀라지 않을 수가 없다.

1974년에 이곳 로스앤젤레스를 방문했을 때 디즈니랜드를 관광하였다. 안내문이 일본어로는 표시돼 있었는데 한글은 찾아볼 수가 없었다. 그만큼 국력이 너무나 빈약했다. 그때 그 시절을 생각하면 지금 이 행사는 우리의 자랑이요 너무나 감사한 일이다. 공연의 취지야 어떻든 음악을 통해 그 많은 사람이 한곳에 모여 한국인의 단결된 모습으로 하나가 되었다는 사실이 칭찬할만 했다.

가족들과 함께 온 분들도 있겠고 친지들과 온 분도 있을 것이고 연인과도 함께 왔을 것이고, 이 모양 저 모양으로 참석해서 가슴속에 뭉친 스트레스를 풀고 남을 용서하는 마음으로 함성을 지르고 질서를 배우고 이웃을 배려하는 마음을 배울 수 있다는 것은 너무나도 가치 있는 일이 아닌가 생각이 든다.

늘 교통이 복잡한 버몬트의 거리지만 그날따라 이 행사 관계로 차들은 앞으로 갈 줄 모르고 길 한복판에서 꼼짝을 안 한다. 이민 34년 만에 버스를 처음 탔기에 아무리 거북이걸음인들 무슨 불평을 하겠는가. 10분 정도의 버스를 타고 가는 거리이지만 그랜드개년 가는 기분이다. 함께 동승한 교우와 이야기를 나누다 보니 지루하지도 않고 즐겁기만 했다. 나는 수십 년을 로스앤젤레스에 살면서 메모리얼 콜로세움 경기장을 코앞에 두고도 지나치기만 했지, 들어가 보진 못했다. 그곳 경기장도 볼 겸 음악회도 참가할 겸 교우의 권유로 가는 중이다. 우리 일행은 주차의 어려움을 예상하고 버스로 가기로 처음부터 마음을 먹었기에 주차 걱정도 할 필요가 없어 마음이 더 편했다.

　K-팝스타들의 노래가 좋은 노래임에는 틀림없을 텐데, 도대체 공감이 안 간다. 감정이 메말라서 그런가. 무식해서 그런지. 아, 내가 노인이기 때문일 거야. 그래도 체면상 대중을 생각해서 같이 소리를 질러야지. 음악이 좋아서가 아니다. 가수가 좋아서도 아니다. 이 웅장한 경기장에서 있는 힘을 다해 소리를 질러봐야 내 목소리인지 아닌지 알 수가 없다. 분위기를 맞추기 위해 손짓과 발짓 고함을 질렀다. 한국인의 단결을 위해서다. 우렁찬 내 목소리도 소리 없이 멀리 퍼져나갔다. "우리는 경제발전과 더불어 더 배워야 할 것들이 있습니다."라고.

　다행히 어둠 속인 데다가 나는 추위 때문에 스카프로 얼굴을 감싸고 모자까지 썼으니 흰 머리카락은 전연 보이지 않는다. 박자에 맞추어 마음 놓고 옆 사람과 함께 온몸을 흔들며 소리를 질렀다. 주책이란 말을 할 사람은 아무도 없다. 몸을 흔들며 열광하다 보니 추위도 가시고 스트레스도 사라지는 것 같다. 음향과 조명기술의 발달로 TV 화면은 너무나 선명하다. 출연진들의 의상에 따라 배경 화면은 멋있게 변화된다. 끝까지 어울리다 보면 내 귀청이 남아날 것 같지 않다. 그랬다고 도중에 나오기도 뭐하고 진퇴양난이다. 음악 소리가 하도 크고 울리다 보니 땅이 꺼질 것 같고 가슴이 떨리는 것 같다.

K-Pop으로 화려한 무대를 꾸몄으나 진행 구성에 좀 더 신경을 썼으면 하는 아쉬움도 있었다. 국악인 송소희 소녀의 노래와 송해 씨의 옛날 노래를 듣고 나니 마음이 편안해지며 어머니께 좀 더 잘할 걸 하는 후회와 지난날 모국의 생활들이 내 폐부에 와 닿는다.

무료 배포된 입장권이 인터넷에서 고가로 거래가 되고 '티켓 매스터'를 통해 나간 티켓은 인터넷상에서 1장당 20달러에서 많게는 수백 달러에 팔렸다고 하는데 정말 믿어지지 않는다.

어떤 외국인 교수가 임기를 마치고 귀국할 때 한 이야기이다. 한국 사람은 친절하지만, 돈과 권력 앞에서 친절하고, 돈 없고 권력 없는 사람 앞에서는 사람을 무시하며 준법정신이 없다고 한다. 벼락부자의 근성도 버려야 한다고 했다. 이 열린음악회가 아무쪼록 온갖 역경을 딛고 한국을 빛낸 한인 이민자들을 위로하고 큰 기쁨을 나누어주며 모국을 되새길 수 있는 계기를 제공하는 음악회가 됐으면 한다.

지금 한국은 모든 면에서 발전하여 선진국 대열에 서 있다. 이제 우리는 정직과 부정직의 개념을 혼동해서도 안 되고, 감정적으로 행동하지 말고, 권위 의식을 버리고, 남을 존중하는 매너도 가져야 하겠다. 공중도덕을 잘 지키며, 자기주장만 내세워서도 우쭐대고 오만해서는 더더욱 안 된다. 노래도 잘하고 더불어 정신과 정서도 변화되는 열린음악회를 기대해 본다.

전원 재시험이라니

세상에 시험 치기 좋아하는 사람은 없을 것이다. 백지장 한 장 차이로 자격시험에 합격 여부에 따라 미래의 진로가 확 바뀐다고 생각할 때 그 긴장감과 스트레스는 말할 것도 없다. 남가주 약사계가 발칵 뒤집혔다. 가주 약사 시험 응시자중 한 사람의 부정 행위로 가주 약사위원회는 이번 7월 이후 계류 중인 모든 응시자들의 시험 결과를 무효 처리하고 응시자 전원에게 재시험을 치르도록 결정 발표했기 때문이다.

가주 약사위원회가 부정 행위자에 대한 인턴면허를 잠정 취소시키고 검찰에 고소장을 제출했으니 그에 상응하는 처벌이 가해질 것 같다. 참으로 안타까운 일이 아닐 수 없다.

인간의 생명을 다루는 약사들은 실무에 대한 적절한 지식과 기술 등을 보유했다는 것을 신뢰할 수 있도록 입증해야 하고 이것은 공공을 보호해야 하는 약사위원회의 법적 의무이기도 하다. 한사람으로 말미암아 수많은 사람이 피해를 입고 모두가 허공만 바라보고 있는 실정이다. 어떤 인턴 응시자는 약대를 졸업하고 아직도 라이센스를 받지 못해 업무에 차질을 빚어 불편을 겪는다며 하소연하는 사람도 있다.

시험 날이 다가오면 누구나 긴장하는 것은 당연한 일이다. 마음 졸이며 정신을 바짝 차린다고 해도 시험이란 그날 컨디션에 따라 합격 여부가 달라질 수도 있기 때문이다. 고진감래에 기분에 싸였던 합격선에 들어간 응시자인 경우 재시험이란 청천벽력 같은 소식을 듣고 얼마나 속이 상했을까. 세상 살아가는 우리는 모두 어쩌면 시험이라는 도가니 속에서 살아가고 있는지도 모른다. 피할 수 없는 그 속에서 우리는 변화 되는 것이다. 나도 뒤늦게 보험업에 뛰어들어 각종 시험을 치러보았지만 정말 젊었을 때와는 다르게 난이도가 높은 시험이라기보다 우선 체력과 어학이 딸리다 보니 시험이라면 아주 곤욕을 느끼는 때가 한두 번이 아니다.

세상을 사노라면 시험과 마주치지 않을 수 없다. 요즘은 메디케어 건강보험을 소개하기 위해 일 년에 서너 차례를 회사별로 시험을 치러야 한다. 이제 다 끝내고 노년에 고생하는 시니어분들을 도와주기만 하면 된다. 지난 세월을 뒤돌아보면 학창 시절 군 생활 직장 생활을 하면서 시험 도가니에서 살아온 것 같다. 그 속에서도 희비가 갈렸다.

경쟁 사회에서 시험을 통하여 옥석을 가려야 함은 어쩔 수 없는 현실이지만 자격시험은 몇 명을 정해놓고 선발하는 것이 아니고 어느 선까지 도달하면 그 분야의 업무를 수행할 수 있다는 자격을 주는 것이다. 일 점 때문에 합격 불합격의 희비가 갈리는 수도 적지 않다. 규정에 의해 결정하는 것이니 어쩔 수 없는 현실이다. 한 사람의 부정행위로 그 많은 사람에게 재시험을 치르라는 것도 안타까운 일이며 가주 약사위원회의 시험 관리의 소홀함도 지적하지 않을 수 없다. 약사가 되려면 약대를 졸업 후 1,500시간 이상 인턴 과정을 거쳐 북미 약사면허 시험과 가주 자체 시험인 CPJE를 통과해야 한다고 한다. 모든 일이 쉬운 일이 아니다. 자시험 응시자에게 위로와 용기를 보낸다.

입으로 운전하는 사람

　스마트폰에 입을 대고 말만 하면 문자도 튀어나오고, 물어보기만 하면 답을 알려주는 요즘 세상에 운전석에 앉아 입만 열면 자동차가 작동을 하여 말하는 대로 달릴 수 있는 미래를 상상해 보는 것도 재미있지 않은가.
　차고에서 멋진 자동차가 스르르 미끄러져 차도로 나와 도로를 달리다가 사뿐히 양 날개를 펼치며 하늘을 난다. 무인 승용차도 개발을 한다고 야단법석인데 입으로 운전하는 자동차라고 나오지 말라는 법도 없겠지.
　군 복무 시 사단 기동 훈련 때는 부대 병력을 차량에 태우고 수십 대가 밤낮 가리지 않고 장거리 이동을 해야 한다. 그때 상급자는 군용 트럭 앞 좌석에 앉아 운행 중 안전사고를 방지하기 위하여 책임자의 역할을 철저히 해야 한다. 실수나 피곤함에 못 이겨 졸았다가는 차량은 강이나 낭떠러지로 굴러떨어진다. 나는 껌을 몇 통 준비하여 운전병 눈치를 보며 껌을 하나씩 벗겨 건네주면서 "김 상병 졸면 안 돼."라며 격려도 해주고 재미있는 이야기도 해주었던 적이 있다. 이따금 핀잔도 주면서 천천히 천천히 조심조심 스탑 중얼거리며 입으로 운전을 해야 한다. 어떤 일이 있어도 목적지까지 무사고로 가야 한다. 운전병과 나는 지칠 대로 지치고 피곤이 엄습해 온다. 이렇게 장거리 이동을 하면서 소대장으로 입으로 운전한 시절이 있었다.

  세월이 흘러 흘러 어느덧 노인이 되다 보니 입으로 운전하는 사람은 바뀌었다. 가장 사랑하는 사람이 그 자리에 앉아 이러쿵저러쿵 소대장 노릇을 한다. 김 상병 자리에 앉아 운전하는 나는 어쩔 수 없이 소대장 지시에 따라야 한다. 레프턴, 빨리 돌아돌아, 라이턴, 스탑, 빨리 안 가고 뭐 해 당신, 가세요, 남자들은 한 박자 꼭 늦어, 요령이 없어, 답답해, 사람 사람, 빨간 불이야 빨간불, 레인 첸지 오케이 하면서 난리다. 그러려니 하지만 때로는 잔소리로 들려서 "잔소리하려면 당신이 운전해."라고 버럭 소리도 질러본다. 노장이 된 그녀는 꿈적도 안 한다. 입 전쟁이 벌어진다. 아마 입만 열면 달리는 차였다면 삼천포로 빠져도 몇 번은 빠졌을 것이다. 덕분에 운전을 교대할 적이 많았다. 사실 운행 중 옆에서 살펴주고 운전사의 주위를 환기시켜주는 것은 사고를 미연에 방지하기 위함이니 얼마나 고마운 일인가. 때로는 그 고마운 마음이 잔소리로 둔갑되어 자존심을 상하게 하여 운전에 방해가 된다. 과유불급이란 말도 있다. 믿음직한 당신 남편이 운전하고 있지 않은가. 여자는 매력을 잃지 말고 남자는 자존심을 잃지 말라는 말도 있지 않은가.

4년 전 아내를 천국에 보낸 이집사가 주일 예배를 마치고 홀로 운전하며 교회를 나서는 모습이 왠지 쓸쓸하게만 보인다. 그래도 자존심이야 날아가든 말든 입으로 운전하는 아내가 옆 좌석에 앉아 스마트폰도 들여다보지 않고 남편의 졸음운전을 감시하며 카플도 이용할 수 있게 배려해 주는 아내가 얼마나 감사한지 모르겠다.

.

선거봉사자의 하루

11월 6일은 미국뿐 아니라 전 세계의 이목이 집중된 가운데 질서 정연하게 미국 대통령 선거가 치러진 날이다. 미국 생활 30여 년을 보내는 동안 대통령 선거가 일곱 번 있었다. 거의 우편으로만 투표했고 투표소에 직접 가서 투표한 적은 거의 없었다.

이번 선거만은 반드시 투표소에 직접 나가 투표를 해야겠다고 마음먹었는데 역시 우편 투표로 해버렸다. 며칠 후 교회 김 권사님을 만났다. 선거 자원봉사를 한번 해보면 어떻겠냐고 권한다. 미국에서 선거 관리 경험이 한 번도 없는 나는 망설이다 꽤히 승낙을 하고 자원봉사를 하기로 마음먹었다.

미국의 선거 제도와 선거 내용을 정확히 이해한다는 것이 선거에 관심을 두지 않으면 그리 쉬운 일이 아닌 것 같다.

자세한 내용을 모르고 선거에 임하는 사람도 꽤 있을 법하다. 물론 본인이 마음먹은 대로 대통령을 뽑는 것이야 어려운 일이 아니겠지만 각종 프로포지션을 이해하고 선거에 임한다는 것이 그리 쉬운 일은 아닌 것 같다.

  또한 공직자인 일꾼을 뽑는 것도 누가 누구인지 도무지 알 수가 없는 노릇이다.

  새벽 6시에 다우니시에 소재한 투표소인 데이케어 센터로 나갔다. 벌써 한두 사람이 기다리고 있었다. 잠시 후 책임자의 지시대로 투표소 입구에 사인을 붙이고 성조기를 달아놓고 투표를 할 수 있게 모든 준비를 완료하였다. 오전 7시부터 투표는 시작됐다. 나는 컴퓨터를 담당하게 되었다. 입구에서 선거인 명부가 확인되면 투표바렡를 가지고 지정된 투표 장소에서 투표를 한 후 컴퓨터에 입력하면 끝나는 것이다.

  끝난 후 투표를 했다는 스티커를 주면 유권자들은 즐거운 마음으로 앞가슴에 예쁜 스티커를 붙이고 감사하다고 말하면서 돌아간다. 정말 투표를 기쁜 마음으로 하는 그들의 모습을 볼 수가 있었다. 기분 좋게 투표를 하니 나도 기분이 좋았다. 오전에는 상상했던 것보다 꽤 많은 사람이 몰려왔다. 나는 즐거운 마음으로 성심껏 친절하게 알려주고 최선을 다해 안내를 했다. 다행히 남미계 젊은 20대 후반 청년 두 명과 같이 일을 하다 보니 한결 수월하였다. 그들은 몇 번 정도는 자원봉사 경험이 있는 듯하였다. 특히 그린 테이블의 유권자 명부를 확인하는 여성 봉사자는 센스 있는 중년 여자로 옆에 앉은 젊은 청년과 손발이 잘 맞아 확인 작업의 속도가 빨랐다.

  결국 선거인단 중에 버락 오바마는 303명을 획득했고 롬니는 206명을 획득했다.

득표율 면에서는 버락 오바마가 50%, 롬니가 48%를 획득하여 미국 대선은 버락 오바마의 승리로 막을 내렸다. 새로운 오바마의 새로운 도전의 시대가 온 것이다.

그러나 국민통합, 풀어야 할 경제문제 등 산적된 일이 너무나 많이 쌓여있지 않는가. 오바마의 어깨는 무거울 수밖에 없다. 우리 모두가 당분간 무거운 짐을 지고 가야할 것이다.

선거를 지켜보고 있노라니 젊은 층보다는 중년 노인층의 라틴계 유권자들이 많았다. 이 지역이 라틴계 유권자들이 많이 거주하기 때문이다.

한인들도 이 지역에 몇백 명은 살고 있을 텐데 한명도 얼굴을 볼 수가 없었다. 모두 나처럼 우편투표를 했을까, 아니면 투표에 관심이 없어서 포기한 것인가, 혹은 사업이 바빠설까, 이따금 민망한 생각도 들고 창피한 생각도 들었다. 국가의 대사에 모두 참석해야 한다는 것이 얼마나 중요한지를 다시 한 번 생각할 수가 있었다. 아마 나처럼 우편투표를 했을 것으로 생각하고 나는 위안을 삼았다. 오후 5시쯤 되더니 퇴근한 유권자들은 투표장으로 몰려든다. 투표장은 제법 투표자들로 북적된다. 시장바닥을 방불케 했다.

투표내용이 복잡하다 보니 미리 집에서 검토하고 마음의 준비를 하지 않고서 투표장에 들어서면 시간이 꽤 걸린다. 온 종일 오후 8시까지 했으나 총 350여 명 정도가 투표를 하고 돌아갔다. 투표가 끝난 후 모든 것을 정리하고 집에 돌아와 브니 시간은 거의 오후 9시가 넘었다. 오늘 하루는 미국 선거에 대한 모든 것을 체험한 하루였고 의미가 있는 날로 기억이 된다. 미국은 이민자 사회이다. 라티노 유권자가 급증하는 추세이다. 이들의 현안인 이민 개혁법에 공화당의 부정적인 사고방식이 소수민족들이 등을 돌린 것이 아닌가 생각해 본다.

오바마는 빈곤층과 약자 층의 다양한 요구에 귀를 기울여 사회적 소수 층들이 많이 투표소를 찾은 것 같다고 미트 롬니도 고백하고 있지 않는가.

한국에도 12월이면 대통령 선거가 실시될 것이다. 미국에 거주하는 많은 한인들이 투표에 참석하지 못한 것을 반면교사로 삼아 한국에서의 대통령 선거는 반드시 모든 유권자가 만사 제치고 꼭 투표하여 대한민국을 이끌 유능한 분을 선출했으면 한다.

이곳에 사는 우리는 한 번쯤 자원봉사자로서 체험을 통해 미국 선거에 관심을 가져봄도 바람직하지 않을까.

(2012.)

아침은 밝았는데

 어김없이 태양은 떴을 텐데 햇살은 보이지 않는다. 주위가 침침하니 마음도 울적하고 행복과 즐거움도 주위에서 맴돌고 있으련만 발견할 수가 없다. 그것이 마음에 따라 변하는 물감의 장난이라고 '여백'이라는 트로트 가요 프로그램에서 정동원이란 어린 소년이 애처롭게 부르는 가사의 일부분이다. 내가 아니고 내 속에 꼭 숨어 있는 마음이 그렇다는 것이다. 저 정문 앞 우뚝 서 있는 팜추리도 늘 자기 그림자와 비가 오나 햇볕 쨍쨍한 날이나 늘 붙어있겠지. 나는 아내와 늘 같이 있는 것만으로도 행복하지 않은가. 모든 사람들은 펜데믹을 맞이하여 우울한 감정에 젖어 있으니 나 역시 욕심이 많다 보니 행복을 잠시 발견을 못한 것뿐이겠지.
 내 주위에 가족들이 있는 것이 얼마나 행복한 것이고 숨 쉬고 살아 있다는 것이 얼마나 고마운 일인가. 특히 두 발로 걸을 수 있다는 것이 새삼 감사하다는 것을 느꼈다. 한 친구가 대화 중에 "요즈음은 밥알보다 약 알을 더 많이 먹는 것 같아. 종합병원이야."라며 답답함을 털어놓는다. 남의 말이 아니다.

80이 넘으면 누구든지 종합병원 원장에 부임을 해야 되나 봐. 눈만 뜨면 병원에 가는 날이 많으니 이런 말도 나올만하다. 고난은 더 좋은 행복을 주기 위한 것이라고 생각해야지. 조지 플로이드 사망 시위는 좀처럼 수그러들 기미가 보이지 않는다. 코로나바이러스 감염도 여전히 확산되어 가고 있다. 세상이 왜 이런지 모르겠다. 왜 이렇게 힘들게 하는지 누구에게 물어야 할 것인가. 인간들이 너무나 방종하니 하나님을 좀 바라보고 살라는 징조인지 아무도 모르는 일이다.

많은 왕아 세상을 시끄럽게 음모를 꾸미는 왕들아 어리석은 짓을 하지 말라. 나 여호와가 보고 있노라. 틀림없이 여호와가 "이 미련한 놈들아 하루속히 내 말에 순종하라."라고 꾸짖으실 것 같다. 코로나바이러스로 집에 있는 시간이 많다 보니 책장 정리할 시간이 많아진다. 파일을 뒤지다 편지 한 장을 발견했다. 몇 년 전 교회의 가정교회 수련회 모임에서 아내에게 쓴 편지를 공개하는 시간이 있었다. 나도 예외 없이 써 놓은 편지를 교인들 앞에서 발표했다.

여보, 나는 오랜만에 당신에게 편지를 쓰고 있소. 우리는 앞만 보고 이민 생활의 봉우리를 바라보며 이렇게 걸어왔소. 하늘이 높고 말이 살찌는 가을이라면 바람에 뒹구는 낙엽에 실려 이 편지를 보내련만 오늘 수양회 캠프파이어를 통해 모든 교인 앞에서 공개하게 되었으니 더욱 의미가 있으며 가슴이 따뜻해지면서도 좀 쑥스럽구려.

36년이란 세월이 길게 느껴지지만 우리들의 세월은 어찌 그리 빨리 지나갔는지, 그저 지난 젊음을 생각하면 아쉬움만 남아있구려. 싱그러운 젊은 시절을 당신과 만남의 시간을 가지려고 나는 초조한 마음으로 충무로 한 모퉁이에 있는 공중전화를 붙들고 전화를 걸던 내 모습을 생각하면 바보스럽기도 하고 당당하기도 했소. 행복은 거저 가져다주는 것이 아니고 자기가 찾아야 된다는 것을 알았으니까… 우람한 나무가 한창 제철을 만나 무성하고 싱싱한 잎사귀처럼 나는 그때 명동 충무로 거리를 누비며 한국 수출 역군으로 열심히 일했답니다.

내가 경제에 눈을 뜨지 못해서 그런지, 부모님 덕에 편한 청년기를 보내서 그런지 부동산 수입이나 다른데 신경 쓸 겨를이 없었지. 오직 한국 경제를 살리기 위한 박정희 대통령의 정책에 맞추어 한국의 물건을 외국에 하나라도 더 팔아 외화를 벌어들이자는 생각뿐이었소. 애국자인 양 자부심을 가지고 회사 일에만 정신이 팔렸었지. 그때야 모든 아가씨의 선망의 대상이었소.

그러나 처음 당신을 만났을 때부터 인연이 따로 있구나! 속단하고 나는 당신을 꼭 만나기를 결심했다오. 그리고 당신과 결혼을 해야 하겠다고 마음먹었어. 이것저것 볼 것 없이 나는 결정했으니 정말 순수한 사랑이라 말할 수 있는 건지 나도 모르겠소.

한때 나는 공황증에 걸렸는지 몸이 안 좋아 누워있을 때가 종종 있었지. 약속도 못 지키고, 그런데 당신은 나를 위로차 찾아왔어. 그때 나는 느꼈지. 우리가 서로 소중한 존재로 살아갈 수 있겠다는 걸 느꼈어. 이 세상에서 당신만큼 소중한 사람이 어디 있겠소. 이 세상을 당신과 함께 같은 길을 걸어갈 수 있게 해준 주님께 감사를 드립니다. 당신은 나에게 보석 같은 사람입니다. 사랑해요.

편지를 다 읽고 났지만, 바깥은 침침하다. 온종일 집에서 마음을 달래가며 어서 속히 정상적인 생활로 돌아가기를 기도한다.

자기밖에 모른다니

 말이란 언어 공동체 내에서 자신이 가지고 있는 생각을 다른 사람에게 전달하는 방법이다. 한미교육센터가 다음 달에 한인 학부모들을 위하여 '초등학생 자녀와의 효과적인 대화 방법'라는 워크숍도 개최한다고 한다. 말은 언제나 조심스럽게 해야 하기 때문에 옛말에 말만 잘하면 천 냥 빚도 갚는다는 말도 있지 않은가.
 나는 보험 에이전트로 노인 건강보험에 관련된 제품을 소개하기 위하여 고객을 직접 만나 설명도 해야 하고 전화로 변경 내용을 알려 주기도 한다. 그러다 보면 고객들에게 안부도 묻고 이런저런 대화를 나누게 된다. 미국의 보험제도가 워낙 복잡하다 보니 고객에게 내용을 전한다는 것이 그리 간단하지 않다. 열심히 설명해도 고객들은 대부분 한 귀로 듣고 한 귀로 흘려버린다. 적어도 본인이 가입한 건강보험 내용은 알고 있어야 한다는 나의 사명감 때문에 나는 열심히 설명해 준다. 고객이 이해를 하지 못할 때는 짜증도 난다. 그럴 때면 혹시 마음에 상처를 주는 말을 하지 않았나 돌이켜 보기도 한다.

오늘은 아내의 병원 약속으로 아내와 아침 일찍 병원엘 들렀다. 진찰 결과 아내의 증상이 대상포진이라고 한다. 다행히 조기 발견으로 회복이 순조로울 것이라며 의사는 약 처방을 지어 주었다. 아내는 온몸이 엄청나게 아픈 모양이다. 본래 참을성이 많은 편인데 대상포진에는 장사가 없는 모양이다. 옆구리 쪽으로 열꽃이 몇 군데 튀어 솟아났다. 뼈 마디마디가 요동을 치고 머리는 펄펄 끓어 열이 내릴 줄 모르고 야단이란다. 아파 본 적이 없는 나는 그 고통을 짐작만 할 따름이다.

어느 대학교수가 강의가 끝난 후 한 학생을 앞으로 나오게 해 칠판에다 절친한 사람 20명을 쓰게 하고 가까운 사람은 놓아두고 관계가 먼 사람부터 지우라고 했다고 한다. 이웃을 지우고, 회사 동료를 지우고, 다음에 부모를 지우고 아이들을 지웠다. 남편만 남았다. 그 학생은 질문한 교수에게 최종적으로 남편이 남은 이유를 설명 하였다고 한다. 부모는 나이가 들면 나보다 먼저 세상을 떠날 것이고, 아이들은 대학 가면 집을 떠날 것이지만, 남편은 내 곁에 영원히 있을 것이 아니냐고 이유를 설명했다고 한다.

정상적인 교육을 받고 올바른 정신을 가지고 살아온 부부라면 당연히 부부가 서로 사랑하고 지켜줌은 당연한 일이다. 아내가 힘들어하는 모습을 보고 수수방관 할 자가 어디 있는가.

우리 부부는 사무실에서 오후의 일과를 대충 마무리하고 집으로 향했다. 마켓을 들려가자는 아내의 제안에 "당신 힘든데 내가 집에 가서 장을 봐줄게."라고 대답하고 그냥 집으로 왔다. 아내는 좀 섭섭한 것 같았다. 나 역시 피곤해서 집에 가서 좀 쉬었다가 내가 마켓을 보는 것이 더 아내를 도와주는 것이라 생각되었기에 그리 말한 것이다.

그런데 "당신 몸이 그렇게 아픈데 무슨 마켓이야, 걱정 말아 내가 봐줄게."라고 내가 말했을 때 아내도 "그렇게 해요."라고 했다면 얼마나 좋았을까…. 아내 왈, "집에 먹을 것이 하나도 없는데 남자는 자기밖에 몰라."라며 퉁명스럽게 말한 것이다. 쓸데없는 부부지간의 말꼬리가 이어진다.

'아니! 자기밖에 모른다니!' 그 말 한마디가 내 기분을 완전히 상하게 했다. 아내를 내 몸과 같이 사랑하는데…. 세상에 아내가 아픈데 자기밖에 모르는 몰지각한 사람이 어디 있단 말인가. 비 내리는 여름날에 내가 당신 우산이 되라고 해도 돼줄 판인데….

나이가 들면 편견과 아집에 사로잡혀 서로 역지사지를 모르고 자기의 처지에서만 생각하고 행동을 한다고 하는데 우리 부부도 나 자신도 모르게 그 속으로 빠져버리는 것 같다. 집에 도착한 나는 아내를 집에서 쉬게 하고 마켓으로 달려가 장을 보았다. 그리고 저녁 식사용으로 삼계탕과 설렁탕을 시켜서 부지런히 약국에 들러 주문한 약을 찾아 집으로 돌아왔다.

그동안에 서울에서 딸한테 전화가 온 모양이다. 누워있던 아내는 몸이 불덩어리가 되어 덜덜 떨면서 전화를 겨우 받은 모양이다. 집에는 아무도 없고 엄마가 저 지경이니 서울에 있는 딸은 놀라지 않을 수 없었을 것이다. 아내에게 처방지시대로 약을 주고 딸에게 전화를 걸었다. 딸은 흥분된 목소리로 전화를 받았다. 엄마가 열이 많이 나는 모양인데 엄마 좀 잘 돌보라고…. 흥분된 어조로 말을 이어간다. 먹을 것도 좀 준비하고…. 나는 "알았다."라고 하고는 전화를 끊었다.

그런데 딸이 엄마를 사랑한다는 것은 아빠를 사랑한다는 뜻이다. 아빠가 딸의 심정을 너무 잘 안다. 35년 전 초등학교 1학년짜리를 데리고 이민 와 미국에서 공부하고 자란 아이가 한국에 외교관으로 나가 한국말이 많이 유창해졌다고는 하나 그 뉘앙스까지 이해하기란 그리 쉽지 않을 것이다. 그 이튿날 딸에게 전화를 걸어 웃으면서 조용히 물었다.

"네 신랑이 아플 때 너는 남편을 위해 정성을 다해서 보살피지?"

"당연하지 아빠."

"네가 정성을 다해서 네 신랑을 돌보고 있는데 만약 너의 시어머니가 '야, 며눌 아이야 신랑한테 좀 잘해라'라는 말을 듣는다면 네 기분은 어떨까?"

"아아, 아빠 미안해."

딸이 웃으면서 사과했다. 사랑하는 가족 관계에서도 묘한 상황이 일어나고 있다는 것을 발견한다. 하물며 타인과의 관계는 얼마나 복잡할까. 오해와 이해가 뒤섞인 사회에 묻혀 살얼음판을 걷고 있는 나의 모습을 본다.

chapter 5

유연함의 힘

나는 유신론자이다
풀리지 않는 영혼
곰배 추석 성묘
죽음은 끝이 아니다
고기를 낚는 사랑
유연함의 힘
미국의 독립 기념일과 예배
겨울 감기
인간과 소금
사위들의 전쟁

나는 유신론자이다

중학생이 될 때까지 나는 죄인이라는 것을 몰랐다. 성경이 하나님 말씀이란 것도 모르고 예수가 지상에 온 목적도 전연 몰랐다. 밤하늘의 그 수많은 별을 바라보며 저 하늘 끝까지 가면 무엇이 나올까. 이런 터무니없는 생각을 가끔 하며 하나님은 하늘에 계신 분으로 천지를 창조하신 분이라는 것을 막연히 믿었다. 믿음 없이는 결코 신의 존재를 이해할 수 없기보다는 신의 존재를 믿기에 믿을 수 없는 것들을 믿는 믿음이 생기는 것 같았다. 하나님의 존재를 믿으니 영적인 영안이 밝아지는 느낌이다. 하나님을 먼저 알게 된 초등학교와 중학교 동창인 나세영이란 친구는 늘 나를 만나면 하나님과 예수에 관해 이야기한다. 나에게 전도를 하는 것이다. 그는 나를 설득시키기가 꽤 수월했을 것 같았다. 왜냐하면 나는 하나님의 존재를 확실히 믿고 있었기 때문이다. 나는 그의 말에 언제나 긍정적인 자세를 보였다.

나이는 같은 동창이지만 어린 나이에 엄마를 하늘나라로 보내고 얼마 후 아빠마저 세상을 떠났다. 의붓엄마와 피난을 와서 어려운 살림에 시달리다 보니 세상 물정은 나보다 훨씬 앞선 아이였다. 더구나 폐병으로 건강에 시달리면서도 복음을 전하면서 생을 마감한 아이였다.

그는 끈질기게 나에게 전도를 하였다. 내가 어렸을 때 겁이 많고 마음이 모질지를 못한 이유도 내가 하나님을 빨리 받아들이게 된 동기가 되지 않았나 생각이 든다.

그 후 열심히 성경 공부에 참석했다. 인간이 죄인이라는 것도 알게 됐다. 추운 벌판에 팽개쳐 뒹굴고 있는 불쌍한 존재인 인간들을 하나님께서 건져주시기 위하여 예수님이 세상에 왔다는 것도 알았다. 하나님을 믿고 섬길 수 있는 은혜가 주어졌다는 것을 깨닫고 새로운 세계가 온다는 것도 알았다. 하나님의 말씀은 내 삶의 중심을 유지시켜 주는 원동력이 되었다. 한평생 살아오면서 명예나 부나 건강도 남달리 만족하지 못했지만, 하나님의 은혜로 그런대로 유지시켜 주시고 아이들도 잘 성장해서 제 갈 길을 갔으니 감사할 따름이다. 사람이 살면서 부정적으로 늘 불평만 한다면 결코 행복은 찾을 길이 없다는 것도 깨닫는다.

인간의 능력으로 상상할 수 없는 이 광대한 우주와 모든 생명체가 하나님의 말씀으로 창조되어 침묵 속에서 질서 정연하게 우주 만물이 운행되고 있는 것을 볼 때 하나님의 위대함을 절로 느껴지지 않는가. 그때 하나님을 볼 수 있는 영적인 세계를 볼 수 있는 영안이 열리게 되고 하나님을 볼 수 있는 은혜가 주어지게 되는 것이다. 그리스도 안에 있으면 새로운 피조물이 되어가는 것이다. 우주의 주관자이신 하나님이 우주를 지배한다는 것을 알게 되면 많은 천사 중 타락한 사탄이란 자가 탐욕과 하나님에 대한 불순종으로 하늘로부터 지상으로 추방되어 위정자들의 배후조종으로 이 세상을 지배하고 있다는 것을 깨닫게 된다. 세상이 왜 점점 악해져 가는지도 알게 된다. 인간의 힘으로는 진정한 평화를 이룩할 수 없다는 것도 알게 된다.

이 세상 종말에 살아가면서 나의 이성과 지혜로는 도저히 이해할 수 없는 일들이 세계 도처에서 일어나고 있다. 때로는 악인들이 득세하는 듯이 보이고 우리에게 주신 고난이 감당하기 힘든 만큼 무겁게 느낄 때도 있다. 이 모든 것은 우리 성도들이 핍박과 시련을 통해서 주님의 뜻을 깨닫게 하고 성숙한 자녀로 만들어 세상 마지막 때에 하나님 나라를 유업으로 주시기 위한 것이라는 것을 믿어야 한다.

사탄과 마귀는 주님을 믿지 아니하는 자들의 마음을 혼미케 하여 그리스도의 복음을 전파하는 일에 어려움을 주고 있다. 하나님의 목적이 어디에 있는지 깨닫고, 복음을 전파하는 사명을 감당할 수 있어야 한다. 지금의 세상은 하나님께 속한 것이 아니고 사탄의 무리가 지배하는 세상이다. 하나님은 만사는 다 때가 있다고 하셨다. 세상 사람들은 전도자가 있기에 하나님을 믿게 되고 전도자의 말에 긍정적으로 귀를 기울일 줄 아는 자만이 복음을 받아들이게 된다. 우주 만물을 관찰해 보라. 하나님의 존재를 발견할 것이다.

풀리지 않는 영혼

　모처럼 연휴를 맞을 때면 여가를 얻은 좋은 기회로 기뻐했고 한유(閑遊)를 즐기려는 마음으로 즐거웠다. 하지만 올해 3월부터 코로나바이러스로 묶인 발걸음으로 칩거 생활은 한없이 지루하기만 하다.
　나이 먹은 시니어든 왕성하게 활동해야 할 젊은이든 정도의 차이는 있겠지만 허구한 날 집에만 있어야 하니 스트레스는 쌓이고 고독에 점령되어 공포와 미래에 불어 닥칠 삶의 걱정 때문에 대부분의 사람은 한숨에 젖어 있다.
　오늘 새벽에도 습관적으로 교회 카톡방을 열어 새벽마다 날아오는 영상으로 새벽기도를 드리면서 하루의 일과를 시작한다. 발소리도 없이 찾아오는 코로나의 고독, 불청객 치고는 유별나게 나의 심사를 어지럽게 하는 괴물이다. 전 세계의 어느 한구석도 성한 지역이 없다. 갇혀있는 방 창가에서 밖을 내다보면서 창밖은 완전히 코로나바이러스라는 메뚜기 떼들이 몰려다니는 것 같다. 일반 감기야

환절기에 추우면 걸리고 여름에도 에어컨 세례를 받으면 올 수가 있지만, 며칠 안정하고 푹 쉬면 사라진다. 독감 바이러스나 코로나 바이러스는 환자가 기침이나 재채기를 통해 작은 물방울이 묻어 인체 외부로 나오고 공기를 통해 다른 사람의 호흡기로 들어와 감염시킨다고 한다. 다행히 독감 바이러스는 단 한 종의 바이러스라 백신으로 예방이 가능하다고 하는데 코로나 바이러스는 변종이 많아 구조가 복잡하고 독성이 강함으로 내성이 생겨도 우리 몸을 위협한다고 하니 큰 걱정이다. 비 오는 날 창밖은 온통 젖은 것뿐이고 방 안은 뽀둥뽀둥 마른 것으로 채워진 기분이다.

　마음을 달래가며 오늘도 하루를 보내야 한다. 마음을 달래는 방법 중 남을 위로하기 위해 전화라도 걸면서 따뜻한 말을 건네는 방법도 있다. 오래전에 받아놓은 도창회 선생의 수필집을 읽었다. 〈솔바람〉이란 제목에 "상큼한 솔 내음이 코에 배고 솔가지를 흔들어 대는 솔바람 소리는 내 영혼을 맑게 헹궈낸다."

　지금이야말로 누구든 자기 영혼을 맑게 헹구기를 원할 것이다. '영혼'에 대한 생각을 해본다. 수십 년 동안 풀리지 않는 문제이다. 사람들은 인간은 두 부분으로 육체와 내적인 정신으로 되어 있다는 사상을 가지고 있다. 그리스도인들은 내적인 요소를 다시 두 개로 나누어 혼과 영이 존재하는 것으로 성경에서 배우고 믿고 있다. 그것을 대부분 쉽게 내적 부분을 표현할 때 영혼이라고 부른다. 그리고 사람이 죽으면 혼령이 떠난다고 믿고 있다. 육신과 영혼은 별개이며 육신은 죽어도 영혼은 죽지 않고 천당이나 지옥이나 인간, 혹은 다른 동물 등으로 환생한다는 것이다.

하나님이 육체와 영혼으로 인간을 창조하셨기 때문에 육체는 죽어서 소멸하지만, 영혼은 죽지도 않고 없어지지도 않는다는 것이다. 하지만 혹자는 영혼 불멸의 신앙의 기원을 성경이 아닌 고대 그리스 철학에서 들어 왔다고 주장하는 이도 있어 혼란을 가져온다.

'영혼'이란 인간 자체를 '생령'으로 간주하여 몸이 죽으면 내면의 어떤 정신도 소멸하기 때문에 잠자는 상태처럼 무의식 상태로 돌아간다는 것이다. 그래서 유일한 희망인 부활의 소망을 믿는 것이다. 태초에 인간이 창조될 때 당시 육체로 살기로 창조되지 않았는가. 성경에는 흙에다 호흡을 불어 넣으므로 생령이 됐다고 했다. 산 영혼 즉 육체가 된 것이지 어떤 불멸의 영을 받는 것이 아니라는 것이다. 도창회 선생의 영혼을 맑게 헹궜다는 말은 몸과 정신 즉 사람을 뜻하는 것인지, 아니면 몸체 내면의 어떤 불멸의 영을 뜻하는지 무슨 생각을 하면서 썼을까 궁금하다.

인간이 창조될 때 땅에서 하나님께 순종하고 인도를 받으며 살아가게끔 되어있지 않는가. 예수님도 죽었다 부활하셨다. 인간은 육으로 부활할 것인가 영으로 부활할 것인가. 아무튼 구원은 영생이 아닌가. 영이든 육이든 접어 두기로 한다. 어쨌든 겸손한 마음을 가지고 하나님을 경외하고 주님의 뜻대로 살아야 할 때다. 부활의 신앙을 믿기에 마음이 편하다.

로스앤젤레스의 마지막 더위는 기승을 부린다. 백도가 넘는 더

위다. 코로나바이러스가 하루속히 사라져야 할 텐데. 얼마나 더 어둠 속에서 미로를 헤매야 할지 모르겠다. 지금으로서는 끝이 보이지 않는 것 같다. 바이러스 감염도 두렵지만, 경제가 마비되어 세계 도처에 기근이 오지 않을까 걱정스럽다.

가족이든 친지든 자주 만나야 정도 들고 사랑도 하지 않겠나. 덧없는 세월은 흘러만 가고 모든 것이 아쉬울 뿐이다. 너나 할 것 없이 그동안 너무나 오만했다는 것을 후회한다. 시작이 있으면 끝이 있는 법. 그래도 우리에겐 부활의 미래가 보이지 않는가.

곰배 추석 성묘

오늘이 토요일이니 모레면 월요일로 9월 24일이 되는 날이다. 바로 한국에서는 대명절의 하나인 추석을 맞이한다. 마음 같아서는 곧 당장 한국으로 날아가 내 고향 마을 곰배라는 동네 앞산에 자리 잡은 부모님의 묘소에 가서 기도라도 한번 하면서 살아생전에 모습이라도 한번 더듬어 보고 싶은 심정이지만 그렇게 할 수 없다는 것이 안타까울 뿐이다.

오늘은 내가 출석하는 교회에서 합동 성묘 예배를 로즈힐 묘지에서 드리는 스케줄이 잡혀있다. 매년 추석날 임박해서 성도들과 유가족들과 함께 모여 먼저 세상을 떠난 성도들을 생각하며 우리들의 믿음을 확인하는 예배이다. 목사님은 나보고 기도를 좀 해 달라고 요청하셨다. 과거 십여 년 전만 해도 성묘 예배 때에는 유가족을 비롯해 많은 교인들이 예배에 참석했다. 요즘은 먼저 다녀가는 사람도 있고 사회의 풍조가 변화돼서 그런지는 모르겠지만, 잘해야 20여 명 정도 성도들이 참석할 뿐이다.

어떤 유가족은 십여 년이란 세월이 흘러가도 찾아오지 않는 가족도 있다. 교회 이름으로 200여 묫자리를 사 '새한동산'이라 이름을 붙이고 교인들에게 사용을 허락했고 교회에서 정성껏 관리도 해 주며 보살펴 준다.

예배에 인원이 무슨 상관이 있겠나, 진정한 마음의 자세가 중요하지 않겠는가. 나는 나대로 이곳 미국에서 예배를 드리지만, 마음 한편으로는 한국에 묘소가 있는 부모님의 성묘도 겸사겸사한다는 마음으로 예배를 드리고 있다. 찬송이 끝나자 바로 나는 기도를 했다. 그리고 목사님 설교가 시작됐다. 나는 설교를 들으면서 마음은 부모님이 계신 한국의 곰배 마을을 그리며 부모님의 생전의 모습을 생각해 본다. 인간이 참으로 허무한 생각도 들었지만, 부활의 희망으로 허무감을 씻어버린다.

햇빛과 비를 주셔서 오곡이 무르익게 하시고 풍성한 열매로 기쁨 가운데 추수하게 하시는 하나님 아버지, 예년과 다름없이 추석이 임박해서 오늘 목사님을 모시고 교우들과 고인들의 가족들이 한자리에 모여서 성묘 예배를 드리게 하심을 감사드립니다. 아울러 저의 몸은 비록 미국에 있지만, 마음은 부모님의 고향이고 나의 고향이기도 한 아버지, 어머니 영원히 잠드신 곰배 마을 건넛산 중턱에 자리 잡은 묘소를 마음속으로 그려가며 기도를 합니다.

세월이 갈수록 우리들로부터 머얼리 머얼리 잊혀져가는 아버지 어머니의 살아생전의 모습을 뒤돌아보면서 생존해 계실 동안에 우리에게 귀감이 되었던 모든 것을 뒤돌아보면서 예배를 드립니다. 아무쪼록 우리 형제들은 살아생전에 주신 교훈을 잊지 않고 귀하고 복된 하루하루를 살아가려고 합니다. 세월은 천천히 흘러가지만 둘째 아들 승호도 저세상으로 갔고 당신의 맏사위도 갔답니다. 외삼촌도 갔고요. 하지만 나는 부활의 하나님을 믿으니 언젠가는 우리가 서로 만날 수가 있겠다고 믿고 있지요. 모든 것은 하나님의 뜻이라 생각합니다.

　우리가 사는 동안에 후손들에게 하나님을 믿고 부활의 소망을 가질 수 있는 믿음이 우리에게 이루어지는 역사가 일어나리라고 믿고 있습니다. 하나님의 교회를 위하여 항상 기도하고 험한 세상을 주님 안에서 살아가기 위해 노력하고 분주하답니다. 우리들의 노력이 헛되지 않도록 주님 안에서 잘 성장하여 좋은 열매를 맺도록 도와주시옵소서.

　이제 우리에게는 그리스도를 통해서 얻을 수 있는 영생의 복을 허락해 주시고 우리의 삶이 날마다 하나님이 인정하실 만한 귀한 삶이 되게 하여 주시옵소서. 웅선이 엄마는 어쩌다가 의사의 과다한 복용 약 처방으로 신장의 사구체가 망가져 일주일에 두 번씩 투석을 한답니다. 당뇨나 혈압에 문제가 없는 것이 다행입니다. 일주일에 세 번 하던 것을 두 번으로 줄인 것도 주님의 은혜로 보아야지요. 투석 날만 되면 본인은 온종일 너무나 고통스러워한답니다. 옆에 있는 나도 답답하긴 마찬가지예요. 하나님 용기를 주시고 서서히 주어진 생활에 적응이 잘되도록 기도합니다. 주님은 모든 것을 할 수 있겠지만 만사는 다 때가 있다고 했사오니 그 언젠가 회복이 될 때도 있겠지요.

세상에 불행한 사람이 얼마나 많습니까. 오늘도 모든 것은 주님의 은혜라고 생각하고 만족한 마음으로 하루를 보내려고 노력하고 있습니다. 우리 모두는 성령의 역사하심을 힘입어 믿음으로 살아가는 놀라운 하나님의 뜻이 널리 퍼지는 귀한 역사가 이루어질 것을 믿습니다.

교회 주관으로 추석 성묘 예배를 드리면서 나는 어머니 아버지 성묘도 했다고 생각하고 기도라도 하고 나니 섭섭한 마음과 아쉬움이 다소나마 사라진 것 같다. 송편은 떡 가계에서 경조부가 준비한 것으로 몇 개 먹은 것으로 나의 추석을 맞이한다. 사실 미국 사는 한국인들은 한국 추석 기분을 모르고 지내는 것 같다. 서울에 사는 모든 가족이 모여 즐거운 시간을 갖고 서로 사랑하고 건강하기를 바란다. 유튜브에 나오는 소식은 당장 나라가 사라지는 느낌인데 어떻게 돼가는 건지 진짜 평화가 온다면 얼마나 좋겠는가. 한평생 살아가면서 이 세상은 말도 많고 탈도 많은 것 같다. 아무튼 모든 것이 잘되기를 기도할 뿐이다.

죽음은 끝이 아니다

하나님을 믿는다고 하면서도 하나님의 존재를 부인하는 사람들이 있다. 그들은 천국이나 부활은 한낱 꿈이라고 생각할 뿐이다.

그런 사람들은 얄궂게도 미신을 잘 믿는다. 그들은 초인간적인 신의 존재를 믿을 뿐만 아니라 두려워하고 있다. 그런 사람들이 일단 복음을 받아들이고 전도가 되면 쉽게 하나님의 말씀을 깨달으며 흔들리지 않는 믿음을 갖고 철저한 신앙생활을 하는 것을 나는 보았다.

대부분 신도는 주일날 교회에 와서 설교 듣고, 헌금하고, 나름대로 봉사하며, 친교 하면서 하루를 즐겁게 보내고 가면, 자기의 의무를 다한 것으로 생각한다. 영국 출신의 세계적 성서학자인 William Barkiey 박사는 많은 사람이 교회에 나오는 것은 기독교 교리에 설득되어서 나오는 것이 아니라, 교회들의 화목한 공동체의 사랑의 행실을 보았기 때문이라고 말하면서 교회를 떠나는 것 역시 교인들의 질투, 뒷말, 싸움 등 추한 모습을 보기 때문이라고 지적했다.

교회에 나오는 사람이나 나오려고 하는 사람에게 목회자나 중직자들이 기독교의 교리를 충분히 이해시키지 못했다는 말이 아닌가. 하나님의 말씀인 인간의 죽음을 정복하고 하나님의 영원한 나라의 소망과 부활의 소망이 있다는 것을 확신하지 못하기 때문이다. 신도들이 뚜렷한 목적이 없다면 어디에 중심을 두고 신앙생활을 한단 말인가. 기울어진 운동장에서 뛰는 격이다.

친교도 좋고 공동체의 사랑의 행실도 좋지만 우선 인간이 영원히 산다는 것이 한낮 꿈이 아니라는 것과 신앙의 목적을 하나님의 말씀인 성경을 통해서 이해시키고 심어주는 것이 필요하다. 뿌리가 든든하면 바람이 불어도 어떠한 교회의 어려움이 와도 교회를 떠나는 일은 적어질 것이다. 하나님은 세상을 사랑하지만 하나님 곁으로 오게 하고 또 오는 사람을 더 사랑한다. 하나님은 세상을 하나님보다 더 사랑하는 자를 사랑하지 않는다.

때로는 교회가 바쁘기만 하고 진정한 의미의 열매를 맺지 못하는 경우도 있다. 우선 하나님의 존재를 스스로 느끼며 하나님이 창조주라는 것을 인정하여야 한다. 말씀을 믿고 행동하려고 노력하여야 한다. 하나님을 주인으로 삼으면 주인이 무엇을 요구하고, 무엇을 내가 해야 되는지를 알게 된다. 복음을 믿지 않는 사람에게 전하자. 그들을 하나님 곁으로 오게 하는 것이 우리의 의무이며 하나님이 원하는 것이라는 것을 알아야 한다.

말씀을 듣고 전해야 한다. 듣고 전하지 않는 것이 문제이다. 말씀을 전하는 훈련이 더 필요하다. 우리 모두의 책임이다. 예수님이 이 세상에 오셔서 무엇을 했는가. 우리도 그대로 따라 하면 된다.

교회는 사람이지 건물이나 예배당이 아니라는 것도 교인들은 잘 알고 있다. 좋은 사람이 모인 곳이 좋은 교회이고, 나쁜 사람이 모인 곳은 나쁜 교회라 말할 수 있다. 좋은 꽃이 되어야 나비도 모이고 사랑도 있기 마련이다.

하나님이 보실 때 좋은 사람은 어떤 사람일까? 돈이 많은 사람도 아니고, 학벌이 좋은 사람도 아니고, 건강미가 넘치는 사람도 아니다. 하나님을 떠난 사람은 좋은 사람이라고 말할 수 없다.

좋은 사람은 하나님이 나의 주인이심을 인정하고 고백하는 사람이다. 다시 말해 내 인생의 주인이시며, 이 세상의 주인이심을 고백하는 사람이다. 그것이 바로 우리가 말하는 '믿음'이다. 믿음으로 사는 자는 교회를 쉽게 떠나지도 않는다. 자기의 주장대로 사는 것이 아니고 하나님의 뜻에 따라 살아가는 사람이기 때문이다. 의인은 믿음으로 살아가야 한다. 우리는 신부의 자세로, 종의 자세로, 주님이 나의 신랑으로, 목자의 자세로 살아가야 하지 않겠는가.

마음으로 믿고 입술로 시인하고 몸으로 순종하는 자세로 살아간다면 우리는 언젠가 왕 같은 제사장 대우를 받게 되며 상상할 수 없는 하나님 나라에서 영원한 삶을 누릴 것이다. 이 세상에서 죽음이란 끝이 아니고 새 출발이라는 것을 알아야 한다. 죽음이란 잠자는 것과 같다고 하였다.

하나님의 날에 심판을 통하여 부활의 월계관을 받고 영원히 평화로운 하나님의 나라에서 영생을 누리는 큰 꿈을 가지고 살아간다.

고기를 낚는 사랑

서재 벽에 걸린 어머니의 사진을 보고 있자니 오늘따라 자상하게 보인다. "어머니!"라고 입속으로 불러 본다. 입은 다물고 계시지만 '피곤한데 어서 쉬어라.'라는 가냘픈 소리가 내 귀에 울린다.

아주 옛날 어머니는 내 바로 아래 여동생을 업고 나는 어머니 옷자락을 붙들고 뒤를 졸졸 따라 외갓집에 가기 위해 인적이 드물고 나무가 울창한 음침하고 으스스한 그늘진 마을 뒷산을 공포에 싸여 넘어가던 생각이 난다. 그때 어머니 나이가 20대였다. 나를 17살에 낳으셨다니 어린 나이에 우리를 기르랴, 시동생들과 부딪치며 맏며느리로서 넉넉지 못한 시골 생활을 꾸려가기가 그리 만만치 않았으리라. 그래서 어머니는 스트레스를 풀기 위해 종종 우리를 데리고 친정집에 가지 않았나 짐작된다. 어머니는 어린 나이에 울기도 많이 하셨으리라.

어머니가 세상을 떠난 지 벌써 3년이 되어 간다. 3주기 추모 예배를 아내와 둘이 드린다고 허풍을 떨다 보니 지난 세월에 묻혀있던 추억들이 내 머리를 스쳐 지나간다. 지금은 내 고향 곰배마을 앞산에서 아버지와 같이 추위와 더위도 모르고 살아생전 늘 안방 쪽에서 소곤소곤 이야기하며 재미있게 지내듯이 조용히 자연에 싸여 지내시니 인생은 돌고 도는 것이 아닌가.

살아계실 때 효도도 하고 관광도 시켜드렸어야 했는데, 못한 것이 늘 마음에 꺼리고 미안한 생각뿐이다. 용돈이라도 충분히 보내드렸어야 했는데….

지난 세기 빛바랜 사진의 물동이를 머리에 인 엄마들의 등판과 엉덩이에 걸친 아이들을 볼 적마다 저 모습이 혹시 내 모습이 아니었나 생각한다. 어머니를 생각할수록 위대하기만 하다. 생각할수록 그립고 목이 멘다.

며칠 전 모 신문에서 어머니를 외면하는 자식에 대한 글을 읽은 적이 있다.

한 소년은 나무에게 내가 행복하려면 열매가 필요하다고 요구하였다. 나무는 열매를 내주었다. 성년이 된 소년은 살집이 필요하다고 가지와 몸통을 달라고 하였다. 나무는 기꺼이 내주었다. 세월이 흘러 소년도 나이가 들어 힘들다고 앉아서 쉬어야겠다고 하나 남은 등걸마저 달라고 하여 나무는 등걸을 주었다. 동화 〈아낌없이 주는 나무〉의 이야기이다.

나무의 무조건적이고 변함없는 사랑은 인생의 희망이었다. 사랑한다는 것은 그리 쉬운 것이 아니다. 무조건 사랑한다는 것은 더더욱 쉽지 않다. 며칠 전 모 신문에서 어머니를 외면하는 자식에 대한 글을 읽은 적이 있다. 어머니는 아낌없이 아들을 무조건 사랑하셨다. 그러시던 어머니가 아들을 고소해 2012년 2월 서울가정법원의 판결문을 받아낸 것이다. 오죽했으면 어머니가 그랬을까. 참으로 안타까운 일이다. 아들은 어머니에게 매월 60만 원을 지급하라는 것이다. 아들은 홀로된 어머니에게 도시에서 살려면 돈이 필요하다고 하여 어머니는 돈을 꼬박꼬박 보내주었다. 성인이 된 아들은 살집과 사업 자금이 필요하다고 졸라대어 어머니의 유일한 부동산마저 팔아 내주었다. 그 후부터 아들은 찾아오지 않았다고 한다. 등걸마저 아들에게 준 노인이 된 어머니는 가난과 병마에 시달린다고 호소했지만, 아들은 찾아오지 않았다. 정말 괘씸한 노릇이다. 결국 아낌없이 주던 어머니는 부양료를 청구하는 소송을 낸 것이다.

불행하게도 한국의 서울가정법원의 부양료 사건 226건을 분석한 결과 10건 중 3건이 이런 경우라고 한다.

자식을 사랑한다는 것은 부모가 소유한 모든 재산을 무조건 자식에게 다 주는 것이 아니다. 지혜로운 사랑을 주므로 자식이 고기를 낚을 수 있는 능력을 주어야 한다. 무조건 일방적인 사랑은 자식을 무능으로 만드는 길이다. 모든 어머니는 자식을 무조건 사랑하는 경향이 있다. 어머니 사랑의 정의가 바뀌어야 하지 않겠는가.

다시 한번 부모를 모실 기회가 있었으면 좋겠다.

유연함의 힘

어떤 목회자의 칼럼에서 "우리 사회의 걱정거리 중의 하나가 어른들의 생각이 굳어져 있고 지도자들의 사고가 굳어져 있다."라는 점을 지적한 글을 읽었다. 노년 대열에 끼어있는 나로서도 기분은 썩 좋지 않지만 나 자신을 한번 뒤돌아볼 기회를 가져본다.

겨울이면 산과 들에 눈이 쌓인다. 큰 나뭇가지는 쌓인 눈 때문에 부러지기도 하고, 작은 나무의 가지는 자연스레 휘어져 눈이 쌓일 때마다 자신을 유연하게 휘어지게 하여 눈을 떨어뜨리는 모습을 볼 수가 있다.

이천 년 전 노자가 눈길을 걷다가 눈 덮인 나뭇가지를 보고 유연함으로 세상살이에 살아남을 수 있는 삶의 이치를 알려준 교훈이라 생각이 든다. 그렇다 우리가 세상을 살아가다 보면 '유연함의 힘'이 우리가 살아남을 수 있는 계기가 될 수도 있지 않겠는가. 천하에 물보다 더 부드럽고 약한 것은 없다. 그러나 굳고 강한 것을 공격하는 데 있어서는 물보다 나은 것이 없다.

모두가 젊었을 때는 하고 싶은 일들이 많이 있었으리라. 지금까지 살아오면서 세상에는 되는 일도 많지만, 안 되는 일이 더 많이 있음을 깨달았다.

이제 늙고 보니 되는 일, 안 되는 일 모두가 관심 밖의 일이 되어 가는 것 같다. 앞으로 다가올 '영원한 세계' 그리고 '영원한 나라'에 대한 관심이 고조되어 가기 때문이리라.

이제 귀중한 것도 천한 것도 모두 다 버릴 수밖에 없는 나약한 존재가 되어 버렸다. 이 세상에 대한 적은 미련마저도 다 버린다면 잘못하면 인생 말년에 의욕을 상실하고 허무감에 싸이지 않을까 걱정도 된다. 비전과 의욕이 없는 삶은 얼마나 비참할까. 나는 이 세상에 왜 태어났으며, 내가 태어난 의의가 어디에 있을까? 남은 나의 여생을 어떻게 보낼 것인가? 이런 문제를 진지하게 고민해 본다.

세상을 살아가다 보면 무엇보다도 '육신에 대한 건강'을 생각하지 않을 수 없다. 하지만 '영혼의 건강 문제'도 중요하지 않겠는가. 그래서 자연히 우리는 종교인 아닌 종교인이 되어 가게 마련이다.

기왕지사 종교인이 될 바에는 하나님을 주인으로 삼고 내 고집을 부인하고 하나님 말씀대로 살면서 말씀에 순종하는 충실한 종교인이 되기를 바라는 마음 간절하다.

사랑하는 마음으로, 감사하는 마음으로 주님 말씀 안에서 서로 협력하여 선이 이루어질 것을 입이 마르도록 목회자는 설교를 한다. 성도들은 사랑과 용서, 화해라는 단어를 귀가 뚫어져라 하고 듣는다. 그런데 일시적인 교회의 사소한 분쟁만 일어나면 뚫어졌던 귀는 다시 막힌다. 일정한 타협점을 찾지 못하고 우왕좌왕하다 보면 교인들은 뿔뿔이 흩어지게 마련이다. 한 영혼을 그렇게 귀하게 여겼건만 양 떼들은 다 제 갈 길로 가버린다. 소탐대실이다. 작은 것을 탐내다 도리어 큰 것을 잃어버리는 결과를 맞게 된다.

사랑의 공동체인 교회 내에서도 사소한 분쟁임에 틀림없는데 처리 과정에서 욕심과 시기 편견과 고집으로 문제는 점점 더 확대되어가고 수습 과정에서 사랑과 이해는 전연 없이 사실이 와전되고 서로 감정싸움만 격화되어 난장판으로 휘말리는 경우가 통례이다. 너나 할 것 없이 이성을 잃게 되는 부끄러운 결과만 남게 된다. 그러다 보면 교인들 간에 서로 만남이 쑥스러워지고 수십 년 쌓인 정은 순식간에 사라지는 비극을 맞이할 때 정말 인생의 허탈감마저 들게 된다.

공든 탑이 무너지는 순간이다. 오랫동안 전도한 하나님의 조직이 무너지는 순간이다. 참으로 비참한 노릇이다. 이런 광경을 볼 때마다 사건의 잘잘못을 따지기 전 한 명의 잃어버린 양이라도 귀하게 생각하면서 교회라는 공동체가 무너지지나 않나 걱정하면서 목회자나 장로들이 사랑과 용서로 성도들의 도움을 받아 서로 소통하면서 주님 안에서 말씀 안에서 해결을 찾아야 한다. 그렇지 못함은 참으로 안타까운 일이다. 열매를 맺기는커녕 달린 열매도 떨어트리는 실정이다. 열렬한 기도의 응답은 어디로 갔을까. 현실은 그렇지 못하니 어찌하면 좋을꼬….

하나님 아버지…. 오직 자기의 목적 달성에만 열을 올리며 행동하는 사람들은 신앙적인 차원에서 과연 정상적인 신앙인으로 보아야 할지 의심스럽기만 하다.

그들에게 유연함의 힘을 깨닫게 하고 싶다. 서로 마주 앉아 충분한 대화를 통해 사랑과 주님 말씀 안에서 분쟁 해결 방안을 찾아야 한다. 그것이 바로 주님이 원하시는 방법이다. 그렇게 문제를 해결할 수만 있다면 얼마나 하나님이 좋아하실까. 믿음의 형제들은 하나님의 나라가 기다리고 있다는 비전을 가져야 한다. 교회의 목적이 무엇이고 하나님의 목적이 무엇인지 알아야 한다. 목적이 같으면 방법은 나오게 마련인데….

지금이라도 고집과 편견을 버리고 마음에서 우러나오는 유연한 마음으로 엉킨 문제에 접근해보자. 틀림없이 유연함의 힘이 공동체를 살리는 원동력이 되어 좋은 열매를 맺는 결과를 가져올 것이다. 나는 절대 성내지 않을 것이다. 그리고 남을 미워하지도 않을 것이다. 기도하며 다짐해 본다. 얼마나 지속될지 그건 미지수다.

고려 말의 학자 야은 길재의 시 가운데 이런 구절이 생각난다.

> 시냇가 오막살이 홀로 한가히 사느니/ 달은 밝고 바람은 맑아 흥이 남아돈다./ 손님은 오지 않아 산새와 더불어 얘기하고/ 대숲으로 평상을 옮겨 누워 책을 본다.

모두가 여유 있는 마음을 가지고 세상사 엉켜있는 문제들을 지혜와 유연성으로 풀어가는 아름다운 공동체가 되기를 바라는 마음 간절하다.

미국의 독립 기념일과 예배

오늘은 7월 4일 미국의 독립 기념일로서 연방 공휴일이다. 1776년 미국 독립 선언이 채택된 것을 기념하는 날이다. 대부분의 젊은 층은 연휴를 맞이해서 모처럼 즐거운 여행을 떠난 모양이다. 이날은 전국적으로 성조기 색상의 의상을 입고 가족 친구들과 폭죽 쇼와 피크닉을 즐긴다. 대영 제국으로부터 자유를 찾은 날인데 어찌 기쁘지 않겠는가. 도로는 뻥 뚫렸다. 자동차는 제철 만난 듯 시원스럽게 달린다.

독립 기념일 연휴 탓인지 교회당 한구석은 허전하다. 주로 시니어들만 말씀을 사모하는 마음으로 주님 전에 와서 머리를 숙였다. 진정과 신령으로 예배를 드리고자 하는 간절한 그들의 마음을 얼굴에서 읽을 수가 있었다. 사람이 태어날 때부터 밥을 먹고 물을 마셔야 살아갈 수 있듯이 인간은 태초부터 하나님의 말씀과 법을 지키고 순종하며 살아가게끔 창조되었다고 나는 주장하는 사람이다.

"너희는 눈을 높이 들어 누가 이 모든 것을 창조하였나 보라, 주께서는 수요대로 만상을 이끌어내시고 그들의 모든 이름을 부르시나니 그의 권세가 크고 그의 능력이 강하므로 하나도 빠짐없느니라. 집마다 지은이가 있으니 만물을 지으신 이는 하나님이 시니라." 무신론자들은 대자연을 바라보고도 하나님의 존재를 느끼지 못한다. 인간의 몸 구조를 보면서도 감탄할 줄 모른다. 인간의 몸이 소우주라는 것을 깨닫지 못하며 창조주를 인정하지 못하는 것을 볼 때 안타깝기만 할 뿐이다. 그랬다고 그들이 신앙이 없는 것도 아니다. 무신론자들은 대부분 미신을 믿는다. 다만 하나님을 믿지 않을 뿐이다. 그들에게 어떻게 설명을 해야 하나님의 존재를 믿게 할 수 있을까. 나는 목회자는 아니지만 하나님의 존재를 부인하는 사람들에게 늘 하나님의 존재를 인식시켜 주고 싶은 마음을 가지고 살아간다. 그리고 재미있다. 특히 주위에 몸이 불편한 환자를 대할 때면 더욱 하나님의 존재가 위대하다는 것을 느낀다.

세계 곳곳에서 수많은 사건 사고가 끊임없이 일어나고 테러가 발생하지만 위정자들은 속수무책이고 우리를 평화롭게 할 수 있는 방법을 제시하지 못하고 있다. 우리들의 삶은 병들고, 늙고 굶주리고, 늘 범죄로 시달리고 있다. 고통스럽게 하는 것들이 너무나 많은 가운데 참다운 기독교인들은 기도와 간구로 성령 안에서 살아가고 있음을 감사하게 생각할 뿐이다. 어떤 경우라도 주님만이 저희를 평안한 물가로 인도하실 줄 믿는다.

세상 살아가면서 우리의 모든 일거수일투족은 하나님을 영화롭게 하는 활동이 되어야 한다. 영원한 생명을 얻기 위하여 주일 예배를 비롯하여 공예배에 적극적으로 참석하고 늘 하나님의 말씀을 묵상하고 배우며 행동으로 실천하며 말씀을 전하고 기도 생활을 게을리하지 말아야 한다. 성경은 하나님의 성령에 의하여 쓰인 책으로 인간이 죄인이란 것과 죄로 인하여 사망이 왔으며 그의 아들 예수님을 통하여 죄사함을 받고 구원을 받아 하나님이 통치하는 천국에서 영원한 생명을 얻을 수 있는 방법을 알려주는 책이다.

세계 각국은 국론 분열로 점점 혼란에 빠져들어 가고 있다. 하루 속히 국론 분열이 사라지고 유능한 정치인들로 하여금 바른 국가 경영을 하므로 모든 국민이 평안히 살아갈 수 있도록 지도자의 마음을 하나님의 말씀으로 덧입혀 주시기를 바랄 뿐이다. 우리는 우리가 볼 수 없는 영적인 배후세력을 연구할 필요가 있다. 우리가 볼 수 없는 배후의 세력은 무엇일까. 궁금하지 않는가.

우리는 젊었을 때는 안 늙을 것 같고, 건강할 때는 병에 안 걸릴 것 같으며, 영원히 살 것 같은 착각 속에 하나님을 부인하고, 교만에 빠져있을 때가 있었다. 영원히 죽느냐, 아니면 영원한 생명을 얻느냐 라는 문제를 놓고 생각할 때 "천하를 얻고도 제 목숨을 잃으면 무슨 소용이 있겠는가."라는 말을 잠시 생각해 본다. 영원한 생명을 구할 수 있는 지혜를 배워야 한다는 답이 나온다.

우리가 영원히 산다는 것이 단순한 꿈이 아니라는 것을 하나님 말씀을 통해서 깨닫고 믿어야 된다. 이 세상에 종말이 가까웠다는 소리와 천국이 가까웠다는 소리가 들린다. "양식이 없어 주림이 아니며 물이 없어 갈함이 아니요 여호와의 말씀을 듣지 못한 기갈이라."영혼의 굶주림에서 하루속히 벗어나 보자.

　세상에는 많은 종교 지도자들이 세상 유혹에 빠져 입술로만 하나님을 공경하고 마음은 하나님으로부터 떠난 위선자들이 많다. 행위의 믿음이 아니고 입 믿음이다. 사람의 계명으로 교훈을 삼아 헛되이 하는 거짓 선지자들이다. 소경이 소경을 인도하면 둘이 다 구덩이에 빠지게 마련이다. 참다운 기독교인답게 살아갈 수 있도록 하나님을 더 깊게 알아야 되고 하나님의 사랑을 더 깊게 느낄 수 있어야 한다. 독립 기념일을 맞이하여 여행하고 싶은 마음은 많았지만 차분한 마음으로 예배를 드리면서 참 신앙이 무엇인지 생각해 본다.

겨울 감기

　겨울이면 함박눈을 맞으며 홀로 걷던 추억이 생각난다. 군 복무 시절 휴가를 마치고 경춘선을 타고 춘천을 거쳐 화천 오음리에 위치한 부대로 귀대할 때 달리는 열차 차창밖에 함박눈이 펑펑 쏟아지는 광경을 보면서 즐거워했던 나의 모습이 떠오르는 계절이다. 겨울은 감기와의 전쟁을 빼놓을 수 없는 계절이기도 하다.
　오늘 주일예배는 감기가 심해서 예배를 드리지 못했다. 고유어로 고뿔이 걸린 것이다. 감기는 만병의 근원이라고들 하고 약도 없다고들 한다. 지난날 나는 학교 다닐 때나 회사 다닐 때, 결석은 거의 모르고 살아온 것 같다. 어쩌다 감기로 하루라도 결석하게 되면 불안했고 무언가 잃어버린 것 같고 마음이 허전했다. 또 그 조직에서 이탈된 것 같고 남보다 뒤떨어지는 느낌이 들었다.
　나의 이런 마음가짐이 습관이 되어서인지 결혼 후에도 어떠한 이유든 이사 다니기를 싫어했고 한동네에서 오래 살기를 선호했다. 남들은 이사도 잘 다니면서 부동산에 재미도 짭짤해 보는 친구도 있었는데 나는 생활의 안정만 추구했고 경제적인 창조력은 전연 없었던 것 같다. 다시 말해 진취적이고 공격적인 생활 자세는 아니었던 것 같다. 아마 투자에 대한 상식이 없었거나 관심이 없었다고나 할까, 아니면 회사 업무에 시달리다 보니 한눈팔 겨를이 전연 없었던 것이 아닌가 생각이 든다.

60년대나 70년대는 정부나 기업체에서 수출 증진만이 우리가 살 길이라는 국가목표에 순응하며 수출 주문받는 데만 열을 올렸다. 해외로부터 돈을 끌어온다는 자부심과 일의 성취감으로 기쁨과 분주 속에 타이핑 소리와 함께 사무실의 하루해는 저물어 갔다. 물론 일과가 끝나면 오색찬란한 명동 충무로의 밤거리가 하루의 일과로 지치고 피곤한 몸을 달래주는 재미도 있었다. 어리석었던 짓일까, 자랑할 만한 일인가. 그 시절 나에게는 실리보다는 명예와 명분을 더 앞세웠던 젊음이 넘치는 시절이 아니었나 사료된다.

어린 시절에는 8·15해방과 6·25사변을 겪었으며 불안정한 생활의 연속된 후유증의 산물로 아이들만은 한 곳에서 학교생활과 고향 동네를 만들어 끈끈한 정서와 추억을 만들어 주자는 순수한 나의 마음은 나의 가슴 깊은 곳에 뿌리를 내렸으며 요지부동이었다.

서울 강남에 부동산 바람이 산들산들 불어올 때도 그쪽으로 이사가자는 아내의 여러 차례 권유를 단호히 거절했고, 늘 내 주장을 폈다. '만약 그때 아내의 말대로 강남 쪽으로 이사를 갔었더라면 어찌 되었을까'라는 헛된 상념에 사로잡혀 나만의 아쉬운 시간을 가질 때가 있다. 허망하지만 재미있고 아쉽기만 한 지난 세월이다. 그때의 부동산 바람이야 봄바람처럼 산들산들 불었지, 붐은 아니었기에 지금 생각하면 더욱 아섭다. 그 당시 친구들과 시내에서 저녁 식사 모임을 갖고 귀가할 때면 강남에 사는 친구들은 택시 잡기가 수월치 않았다. 교통이 불편한 점은 두말할 것도 없었지만 그 친구들은 과감한 결단과 그 정도의 애로를 감수했다. 그 덕분에 아마 부동산 열차로 어지간히 어디론가 달려가 부를 축적했을 것이다. 내가 부동산 열차를 외면한 것도 결석하기 싫어하고 이사 다니기 싫어하는 나의 성격과 무관하지 않은 것으로 여겨진다. 인생이 하나가 좋으면 하나가 나쁘고 하나를 얻으면 하나는 버려야 하는 것이 세상 이치인 것을 알면서도 공연한 공상에 묻혀 있는 것이다.

올해에는 감기에 더 조심해야지 다짐을 하면서 독감예방 주사를 아내와 같이 맞았다. 그럼에도 불구하고 이틀 후에 감기에 습격을 받았다. 그날은 유난히 추웠던지 걸을 때 코로 싸늘한 공기 놈들이 침투하는 것을 느꼈다. 코가 싸늘한 느낌이어서 옷깃으로 코를 막고 걸었는데 이틀 후부터 오싹오싹 춥기 시작한다. 아마 감기 졸개들이 땅굴을 통해 내 몸을 점령하고 전투준비를 위한 진지를 구축한 모양이다. 방어를 책임지고 있는 면역성이란 녀석은 낮잠을 자는 모양이다. 코와 목구멍은 야단법석들이다. 내 몸은 완전히 감기에 점령당한 것 같다. 감기는 별것 아니라고 큰소리치던 내가 설마 했는데 올 것이 온 것이다. 감기는 "약을 먹어도 일주일, 안 먹어도 일주일"이란 말이 있는데 이놈들이 내 몸 밖으로 나가서 또 선량한 사람들을 괴롭히면 어떡하나 걱정도 되고 하여 교회를 결석하고 만 것이다. 오늘은 수십 명이 결석했단다.

주위를 돌아보면 너무나 안타까운 사람들이 많이 있다. 노인 홀로 거동이 불편한 몸을 감내하며 사는 분도 있고, 노인 부부들이 서로 간호하며 의지하면서 힘겹게 살아가는 분도 있다. 빈고, 병고, 고독고로 힘든 노인들이 너무나 많다. 겨울은 역시 고독하고 외로운 계절인 것 같다. 상처 없는 인간은 누군가를 진정으로 품을 수가 없다고 한다. 아픔 없는 사람이 누군가와 진정한 친구가 될 수 있을까. 서로의 상처와 아픔이 우리를 연결해 주는 것이겠지.

나는 볼 수 없었던 이웃들의 고통과 안타까움을 바라볼 수 있게 됐다. 생각할 수 없었던 것도 생각할 수 있는 아량도 얻었다. 힘들게 살아가는 사람들의 심정을 헤아릴 수 있는 마음도 얻을 수가 있었으니 100% 손해 보는 감기는 아닌 것 같다. 눈물 젖은 빵을 통해서 인생의 의미를 발견한다고 했는데…….

자본주의의 산물이랄까 우리의 삶은 너무나 바삐 돌아간다. 앞서가는 자만이 생존할 수 있다고 서로 이기려고만 하는 경쟁 사회로 요동을 친다. 이웃을 바라볼 시간이 없는 것이다. 잠시나마 감기로 인한 결석으로 조용히 묵상하며 한가롭게 이웃을 바라볼 수 있는 지혜의 깊은 잠에서 깨어날 수가 있었다. 사랑의 실천과 진실한 삶을 다짐하면서 무기력한 영혼에 활력을 넣어주듯 별을 노래하는 마음으로 이웃을 돌아볼 수 있는 활력이 활화산처럼 내 가슴에서 솟아났으면 좋겠다.

인간과 소금

소금은 설탕과 알코올과 더불어 일반적으로 부패를 방지하는 물질이다. 아침 식사를 할 적마다 식탁 위에 놓인 피라미드 모양처럼 생긴 자그맣고 귀여운 핑크색의 소금 통을 바라본다. 작년 가을에 사랑하는 한 후배가 형님 좋은 소금이니 맛을 보라고 하면서 한 박스를 선물로 준 것이다. 의사들이 짜게 먹지 말라는 경고로 소량으로 먹다 보니 아직도 많은 양이 그대로 남아있다. 오늘도 변함없이 아침식사 대용으로 계란 두 개에 약간의 소금을 쳐서 먹으니 맛이 일미이다.

세상 살아가면서 스승이나 선배들한테 "세상의 소금과 빛의 역할을 다해 주기 바란다."라는 격려사를 많이 들었다. 미국 의사 '월렉'의 저서 ≪죽은 의사는 말을 하지 않는다≫라는 책에 환자에게 소금을 먹였더니 약을 끊었다는 임상시험을 설명한 사실이 기재되어 있다고 한다. 군에서 무더운 한여름 더위 속에 훈련을 하다 보면 훈련병이 더위에 지쳐 쓰러지는 경우가 있는데 그때 소금을 먹이는 것을 종종 보았다. 병원에서도 입원 환자가 기력이 떨어지면 꽂아 주는 주사가 닝겔이다. 이 닝겔이 0.9%의 식염수를 혈관 속으로 보내어 기력을 되찾게 하고 있다. 소금이란 물질은 알고 보면 대단하다.

환자에게 소금물을 혈관에 직접 주사하는 것과 먹는 것이 무엇이 다를까, 한국 의사나 미국 의사는 모두 소금을 먹지 말라거나 적게 먹으라고 환자들에게 조언한다. 소금에 함유된 간수 가스 중금속 때문일 것이다. 소금 섭취가 많으면 나트륨 섭취로 인해 고혈압 심혈관 질환이 발생한다고 한다. 소금을 먹지 못하면 면역력이 떨어지고 혈압이 비정상으로 되며 피부가 거칠어지고 세포 활동이 약해지며 각종 질병과 몸이 부패한다고도 한다. 창조의 섭리로 본다면 성경 레위기 2장 13절에는 "모든 제물에는 소금을 치라."라고 기록되어 있다.

사람의 인체는 70%가 물로 되어 있으며 0.85%의 소금물이 섞여 있다고 한다. 소금의 역할은 방부제이다. 인체 속에 염도가 부족하면 몸이 썩고 각종 염증 아토피 무좀 세균이 번식한다고 한다. 나는 오래전부터 소금물에 칫솔을 담갔다 사용하다 보니 잇몸 보호도 잘되는 것 같다. 대부분의 현대인들은 의사들의 지시에 따라 소금을 먹지 않는 경향이 있다.

설사 먹는다고 해도 맛소금이나 꽃소금 정제염이지 천일염을 먹기는 그리 쉽지가 않다.

소금에는 정제염(암염)과 우리나라와 같은 갯벌에서 만드는 천일염이 있다고 한다.

정제염은 미네랄이 없는 순수 염화나트륨(NACL)이다. 미네랄이 없기 때문에 미네랄이 많은 천일염을 먹으라는 주장이 있는가 하면, 바다의 오염으로 천일염도 위생상 좋지 않다고 주장하는 이도 있다. 정제염에 미네랄이 없으면 다른 음식으로 충분히 보충할 수 있지 않을까. 천일염에도 바다에 오염이 됐다면 1,000도에서 300시간 용융시켜서 소금에 있는 간수나 가스를 증발시키고 액상에서 무기물질 속의 중금속을 제거한 후 미네랄이 포함된 소금을 먹으면 되지 않을까.

미네랄은(광물질 혹은 무기질), 단백질, 지방, 탄수화물, 비타민과 더불어 5대 영양소를 이룬다. 물을 포함시키면 6대 영양소라고 한다. 6대 영양소 중 어느 하나도 중요하지 않은 것이 없다. 하나라도 부족하면 신체 내의 생리적 작용이 제대로 돌아가지 않는다고 한다. 참으로 인간의 몸은 복잡하다. 우리가 도외시하는 미네랄은 역시 인체를 구성하는 요소이다. 칼슘, 인, 칼륨, 나트륨, 염소, 마그네슘, 철, 요오드, 구리, 아연, 코발트, 망간, 등 이런 광물질이다. 또한 미네랄은 우리 몸을 알칼리로 변화시키는 역할을 하고 있다고 한다.

칼슘, 마그네슘, 인, 비타민 D와의 연계하여 연합 전선을 이루어 뼈를 든든하게 만드는 것을 보면 놀라지 않을 수가 없다. 갱년기 여성이 하루에 칼슘을 1,000mg 또는 그 이상을 복용했을 때 마그네슘 부족증을 크게 초래할 수 있다. 칼슘 농도를 일방적으로 증가

시킬 경우 마그네슘의 농도도 증가시키게 된다. 따라서 마그네슘도 500mg 정도로 보충해 주어야 한다. 현대인들은 유제품의 과잉 섭취로 마그네슘 부족을 초래하는 경향이 있다. 칼슘과 인은 신부전 환자에게는 신장에서 비타민 D의 활성화가 일어나지 못하므로 장 내에서의 칼슘 흡수가 감소되어 체내 칼슘이 부족하게 되는 반면 인은 신장으로 배설되지 못하고 체내에 과도하게 축적되므로 이러한 상황을 보상하기 위한 방편으로 부갑상선 호르몬의 분비가 증가되어 뼈 속에 있는 칼슘이 혈중으로 뽑혀 나오게 되어 뼈 질환이 발생하기 마련이다

 소금은 우리 몸에 필수적인 물질이다. 우리는 소금을 먹지 말라는 편견에서 벗어나야 된다. 아무튼 우리 육체가 썩지 않기 위하여 일정량의 염도를 유지해야 한다는 사실은 기정사실로 보아야 할 것 같다. 미네랄이 함유된 소금을 먹으면 금상첨화다.

 소금으로 우리 육체가 썩지 않도록 함과 같이 소금과 같은 하나님의 말씀으로 우리 영혼도 썩지 않기 위하여 하나님의 말씀을 영혼 속에 유지함은 어떨까.

 "소금은 좋은 것이로되 만일 소금이 그 맛을 잃으면 무엇으로 이를 짜게 하리요 너희 속에 소금을 두고 서로 화목하라 하시니라." (막9:50)

사위들의 전쟁

요즈음은 아내와 TV를 시청하는 시간이 늘었다. 며칠 전 한동안 정신없이 MBC의 ≪오자룡이 간다≫에 빠져 시청하다 보니 옛날 생각이 났다.

내가 처음 출근한 직장은 서울 남대문 근방에 자리 잡은 섬유 수출을 하는 Y 무역회사였다. 당시 박정희 대통령의 수출 드라이브 정책으로 사업에 식견이 있는 사업가들은 해외 바이어들로부터 주문을 받으러 서울의 유명 호텔마다 불이 나게 쫓아다녔다. 상공부의 창구는 사업체마다 무역 등록을 하느라 북새통을 이루었다.

그 당시야 컴퓨터가 없었으니 글로벌 시대라고 하기엔 좀 이른 감이 있었지만, 서울 한복판인 명동 소공동 충무로 일대는 사무실 얻기가 그리 쉽지 않았다. 무역거래법이 복잡하고 까다로워 실무자들은 꽤나 애를 태우던 시절이었다.

공교롭게도 내가 소속돼 있었던 회사의 무역 담당 책임자가 내 또래의 젊은 전무이사가 앉아 있었다. 대표이사의 첫째 사위가 발탁되어 무역 업무를 관장하고 있었던 것이다. 모 회사에 적을 둔 둘째 사위는 부부 사이에 불화가 있었던 모양이다. 하루는 분주히 서류 정리를 하고 있는데 느닷없이 사무실로 전화가 걸려왔다. 사장의 둘째 딸이라고 하면서 "미스터 백은 아버지 회사에서 일하면 일했지 왜 자기 남편과 어울려 술을 마시러 다니냐?"라며 화풀이를 하는 것이다. 어이없는 극적인 장면이 일어난 것이다. 추측하건대 친구들과 술 한 잔하고 외박을 한 모양이었다. 아마 내 핑계를 댄 모양이다. 그러길래 그런 전화가 온 것이 아닌가 하는 생각이 들었다. 그 상황을 지켜보고 있던 첫째 사위, 이 전무는 이미 알고 있는 듯 본인이 장인으로부터 점수를 땄다고 생각했는지 잘 됐다는 표정으로 나를 향해 씽긋 웃으며 신경 쓰지 말라고 위로의 한마디를 던졌다. 틀림없이 사위들 간에 보이지 않는 암투가 전개 중이라는 것을 감지할 수가 있었다.

시기와 질투, 경쟁은 사람 사는 곳이면 어디에서나 일어날 수 있는 일. 그러나 많은 사람이 명예와 부를 위하여 이성을 잃고 앞을 제대로 보지 못하고 나가는 것이 문제인 것 같다. 틀림없는 Y무역 사장 댁에도 사위들의 전쟁이 일어난 것이다.

가난에 찌든 어린 시절을 겪은 사람은 헝그리 정신이 더욱 강한 것 같다. 아마 이 정신이 나라를 부강하게 만들었는지도 모른다.

사실 나는 사극을 제외하고는 거의 TV 드라마를 보지 않는다. 연예계의 이야기만 나오면 늘 뒷전이고 아내에게 핀잔을 받는 실정인데, 아무튼 이 드라마를 어쩌다 중간서부터 보게 됐다. 처음 내용은 잘 모르겠고, 이제 주인공 오자룡이 부잣집 둘째 딸인 나 공주와 결혼을 하고 처가에 들어와 살고 있다.

　오자룡이를 키워준 엄마인 고성실 씨는 여유가 없는 집안을 억척같이 꾸려나가는 생활력의 소유자로 가정을 잘 꾸려가고 있다. 자녀들을 잘 키우고 결혼까지 시켰다. 그리고 온 가족들은 행복한 가정생활을 하게 된다. 가족애가 물씬 풍긴다. 오자룡은 자신을 데려다 기른 사실을 전연 눈치채지 못한다. 온 가족은 진짜 가족 같은 분위기에 화기애애하다. 그러다 우연한 기회에 가족 한 사람 한 사람이 오자룡이를 데려와서 기른 사실을 알게 된다. 결국 오자룡 자신도 친자식이 아니라는 사실을 알게 된다. 할 수 없이 양엄마는 오자룡이를 친모 무덤으로 데리고 가서 과거의 진실을 털어놓는다.

　나는 그 모습이 너무 감명스러웠다. 이 드라마는 최원석 연출자와 심사경 극본으로 연기자들이 상황을 너무 묘사를 잘해서 우리 부부는 내내 메마른 두 눈을 적시며 아내와 함께 목이 메 아쉬움을 앉고 시청을 하였다. 감동의 눈물도 나왔다. 늙으나 젊으나 어머니 생각이 날 때는 눈물이 난다. 역시 탤런트들은 재주가 좋다.

　이 드라마는 아내에 대한 사랑도 없이 결혼을 하고, 따로 사랑하는 연인을 감추어 놓고 거짓의 가면을 쓰고 처가의 재산을 노리는 큰사위의 행위와 음모에 대해 진실한 마음으로 아내를 사랑하며 처가를 구하려는 작은 사위 오자룡의 이야기를 엮은 드라마이다. 하지만 나는 주인공 오자룡이가 친엄마 친아버지 모두 친가족인 줄 알고 지내다가 친가족이 아니라는 것을 알았을 때 오자룡의 그 감정은 어떠했으며 그 충격은 얼마나 컸을까를 생각하면 더욱 쓸쓸해진다.

세상이 텅 빈 것 같았을 것이다.

모처럼 한국을 방문하여 서울 거리를 걸으면 옛 추억만이 뇌리에 각인됐을 뿐 옛것을 찾아볼 수가 없다. 아무것도 보이지 않는다. 그저 공허함과 허전한 마음만 폐부에 와닿을 뿐이다. 모든 것이 지나가고 있는 것이다.

성공과 야망을 위해 사랑까지도 이용하는 첫째 사위의 배신과 상처, 좌절의 로맨스를 주저하지 않는 행위가 가증스럽다. 우리 주변에 이런 일이 얼마나 비일비재한가. 한평생 살아가면서 우리가 추구해야 할 진정한 삶의 가치를 어디에서 찾아볼 것인가를 일깨워주는 드라마이기도 하다.

chapter
6

진정한
봄은 오고
있는가

진정한 봄은 오고 있는가

몬티의 트럼펫 진혼곡

중소기업과 동반성장

철저한 삶의 계획

멋진 결혼 멋진 사람

교회 분쟁, 용서와 사랑의 기회로

소금 맛을 잃은 지도자들

코로나19와 척추협착증

곁에 있는 동기생들

세계 속의 한글

진정한 봄은 오고 있는가

　봄은 젊음이요 희망이다. 미래가 밝게 보인다. 봄을 맞이하는 기분은 젊음을 맛보는 기분이다. 눈 깜짝할 사이 가버린 젊음을 만난다는 것은 얼마나 가슴이 벅차고 희망이 솟아나는지 모른다.
　젊음은 봄처럼 잠깐 머물다가 언제 가는 줄도 모르지만, 그 짧은 젊음의 추억만은 쌓이고 쌓였는지 영원히 머릿속에 각인되어 좀처럼 잊히지 않는다. 봄은 침묵 속에 자연을 변화시키는 위대한 힘을 가지고 있다.
　봄비가 내리나 했더니 봄의 전령들은 기지개를 켠다. 고요 속에 대자연이 화음을 이루어 낸다. 정말 아름답고 신기하다. 깊고 굳은 땅을 뚫고 살며시 고개 드는 봄의 전령들. 작고 미미하게 보이지만 우렁차게 행진하고 있다. 바로 그것이 젊음이요 용기이다. 그 용기가 있기에 세상을 바꿀 수 있는 것이다. 감추었던 숨소리를 마음껏 내쉬며 온몸을 활짝 펴고 나타난다. 답답했던 가슴이 뻥 뚫린다.
　봄은 겨울이 남기고 간 모든 오물들을 편린의 불평도 없이 용서와 사랑으로 포용하고 있다가 새로운 생명의 힘을 창조하며 희망을 안고 찾아온다. 모든 봄의 전령들은 바로 칠전팔기, 각고의 인내를 감내한 용사이리라.

　내가 어렸을 때 잠시 살던 곰배라는 시골 마을은 봄이 오면 마을을 둘러싸고 있는 동산 중턱은 완전히 진달래꽃으로 분홍색으로 물들여진다. 감미로운 꽃향기와 색깔에 반해 동네 어린아이들은 떼를 지어 기를 쓰고 산 중턱까지 올라간다. 헐떡거리는 숨을 죽이고 한 포기의 그림 같은 멀리 내려다보이는 마을을 바라보며 소리도 질러보고 꽃을 꺾어 가지고 내려오던 그 먼 옛날 추억이 제법 잊어지지 않는다. 여자아이들 중에는 진달래 꽃잎으로 손톱에 예쁘게 물을 들여 본다고 수다를 떠는 아이들도 있었다. 비가 오면 제법 한 달 동안이나 좔좔 소리 내어 흘러가는 마을 한가운데로 흐르는 맑은 개울가에서 종이배도 띄우며 재미있게 놀던 어린 시절이 있었다.

　넓은 들과 밭은 온통 새순이 파릇파릇 나오고 소떼들은 여기저기 음매 음매 화음을 맞추며 주린 배를 채우느라 여념이 없다. 어린 시절 그때는 그것이 나의 봄이라고 느꼈고 내 눈에 보이는 봄이었다. 계절이 바뀌고 봄이 오면 그저 좋았다.

　지금의 나의 봄은 모든 것이 다 보인다.

　들의 꽃들도 보이고 오솔길에 피어있는 보잘것없는 이름 없는 꽃들도 보이고 길가 한 모퉁이의 거들떠보지도 않던 잡초도 위대하게 보인다. 나에게도 한평생 살아오면서 인생의 봄을 알리는 많은 봄의 전령들이 찾아왔으리라. 귀한 줄 모르고 스치고 지나간 전령들은 얼마나 서운했을까. 젊고 잘 나갈 때야 거들떠보지도 않았던 것들이 얼마나 많았던가. 인생의 쓴맛도 보고 바닥에도 뒹굴어도 보고 아픔과 고통의 맛을 보고서야 하찮은 것들이 다 보인다. 그리고 귀하다는 것도 알게 된다. 보잘것없는 골목길 가 한구석에 솟아난 잡초도 보이고 그 위대한 생명력도 보이니, 아 이런 것들이 다 보일 때 진정한 봄이 오는 것을 보리라. 인생도 마찬가지야. 지금도 세상 구석구석 보이지 않는 곳에 인생의 어둠 속에서 살아가는 봄의 전령들은 진정한 봄을 기다리고 있을 것이다.

올봄도 어김없이 진달래 산개나리 인동꽃 파리꽃 찔레꽃 들꽃들이 피어날 것이며 그윽한 봄의 향기는 바람 따라 강남 강북으로 퍼져 여의도에도 진정한 봄이 와야 할 텐데….

몬티의 트럼펫 진혼곡

 삶의 짐은 무거웠고 걸어온 길은 먼 한해였다. 새해 아침이 밝아왔다. 내가 출석하고 있는 교회의 김 장로님(예비역 대령)은 영화 ≪지상에서 영원으로≫의 주인공 몬티의 진혼곡을 카톡으로 보내면서 이 곡을 들으면 왠지 마음이 숙연해진다고 하신다. 나 역시 그 트럼펫 소리를 들을 때면 마음이 뭉클해지고 세월의 무상함과 낙조의 쓸쓸함에 빠져든다.
 젊었을 때 들어도 그랬고 나이가 든 지금도 변함이 없다. 한낮이 다 가고 해는 호수에서 언덕에서 하늘에서 사라지니 만물이 고요하고 편히 쉬니 주님의 임재가 뚜렷하노라. 무질서와 혼돈의 세계는 사라지고 질서와 신세계가 펼쳐진다.
 몬티가(몽고메리 클리프트, 1920-1966)는 그의 친구 안젤로(프랭크 시나트라)가 죽었을 때 연병장에서 홀로 눈물을 흘리며 트럼펫으로 진혼곡을 부는 모습은 영원히 기억되는 장면이다.
 김 장로님은 21살의 젊은 나이로 소위로 임관하여 6사단 최전방

철원 북방 오성산 낙타 고지에서 소대장 근무를 하셨다고 한다. 적군과 대치하고 있을 당시 야간에 침투한 북한군 병사를 육박전으로 체포하신 분이다. 체포 과정에서 피아가 함께 부상을 당하여 체포된 인민군과 함께 야전병원으로 후송되어 함께 입원도 했으며 인민군이 혈액이 모자라 죽어가는 모습을 보고 본인의 피를 수혈시켜 생명을 구해내 자기 소대로 편입하여 함께 근무했다고 하신다. 전방의 치열한 대치 속에서도 이 진혼곡의 트럼펫 소리만 들리면 적군 아군 모두가 전투를 중지하고 잠시 눈을 감고 그리운 고향을 생각하고 가족들을 생각하는 여유도 있었다고 한다. 권력과 이념이 무엇인지 남과 북의 무자비한 전쟁은 소수의 위정자로 말미암아 온 백성들에게 비극만 안겨 주었을 뿐이다.

나 역시 광주 보병학교 장교 훈련 시 취침을 알리는 이 트럼펫 소리가 나면 소등과 함께 피곤하고 무거운 몸을 이끌고 모포 속으로 들어간다. 이 트럼펫 소리야말로 자장가요 안식처이다. 기약 없이 꿈속으로 빠져버린 내 영혼은 내일의 훈련을 위해 안식을 취하고 있다. 야속한 세월은 그 늠름한 젊음을 어느덧 팔순의 나이로 접어들게 만들었지만, 진혼곡의 소리는 변할 줄 모르게 내 마음에 와닿는다. 고독을 혼자 짊어지고 다니는 듯 한 몬티의 고독이 나에게로 옮겨온 모양이다. 인생은 누구에게나 세월이 지나면 고독과 고뇌와 싸워야 하는 건지… 여유로운 노병들의 가슴을 쓰리게 한다.

선배 장교들은 전쟁 통해 정말 고생을 많이 한 것 같다. 우리 세대에는 대학 졸업 후 소위에 임관하면 24살 정도가 되었다. 전방에 장교들이 모자라 정부에서는 학도 군사훈련단을 조직하여 재학 중 3학년부터 군사훈련을 학교 교육과 병행하였고 방학 중에는 예비사단에서 3·4학년 한 달씩 두 번 교육을 받은 후 소정의 시험에 합격 후 임관을 하게 된다. 임관 후 각 병과학교에서 12주 교육을 마친 후 전방에 배치가 됐으니 정신적으로 여우를 가질 수 있었고 부하 통솔에도 별문제가 없었다. 15사단 소대장직을 수행하면서 전방 벙커 진지도 구축했으며 1군 사령관 표창장까지 수여받았다.

내가 임관되기 몇 년 전만 해도 전방은 전시 상태와 다름없는 무질서의 상태였다. 안전사고도 많이 발생했고 적군의 기습도 빈번했다. 전시 때야 병력이 모자라 나이가 좀 적어도 별문제 없이 임관시키고 병사들을 편입시킨 모양이다. 인간 역사는 전쟁이고 비극이다. 전쟁 없는 역사는 존재하지 않는다.

미국의 남북전쟁 역시 남부의 몇 개 주가 미연방으로부터 탈퇴하려는 움직임에 반대하여 당시 대통령이었던 링컨이 허용하지 않자 남북전쟁이 시작되었다. 1862년 미국 남북전쟁 당시 전쟁터에서 밤이 깊은 한밤중에 북군의 중대장 엘리콤(Ellicombe)대위는 숲속에서 사람 소리의 신음소리를 듣고 달려가 적군인지도 모르는 전쟁 부상자를 위험을 무릅쓰고 치료해 준다. 중대장의 손에든 랜턴이 밝혀지자 자기 아들의 얼굴임을 발견한다. 끝내 숨진 아들을 붙들고 아버지 중대장은 얼마나 마음이 아팠을까. 음악도인 아들은 아버지 허락도 없이 남군에 지원한 것이었다. 아버지는 사망한 아들의 군복 호주머니에서 꾸겨진 악보 한 장을 발견한다. 이것이 진혼곡의 유래가 됐다고 한다. 이 곡을 트럼펫으로 불며 아버지는 아들의 장례식을 잘 치러 주었다고 한다. 그 후 이 곡이 남북군 모두에게 취침 나팔 자장가로 연주된다고 한다.

 지금도 이 나팔 소리가 들리면 내 가슴을 후벼 파는 듯 서글퍼진다. 역시 나이가 들었다는 징조겠지. 음악은 인간의 마음을 행복하게도 하고 우수에 젖게도 하며 감동 시키기도 하고 흥분하게도 한다. 소리 없이 은은히 들려오는 몬티의 트럼펫 소리가 끝나면 밝은 아침이 오리라.

중소기업과 동반성장

≪장사의 신 객주≫라는 드라마를 우연히 보게 되었다. 천봉삼이라는 일개 보부상이 부를 쌓는 과정에서 갖은 역경을 겪으면서도 정의롭게 상도덕을 지켜가며 탐욕을 버리고 성실하게 성공의 기회를 잡는 모습을 보여주고 있다.

정경유착을 통한 독점을 반대하며 모든 사람들에게 고루고루 부가 돌아가게 하면서 정의롭게 상단의 행수와 대객주를 거쳐 조선 최고의 거상으로 성공하는 이야기다.

19세기 말에는 자유시장 경제를 토대로 무엇보다도 입지전적인 성공의 기회를 잡을 수 있는 가능성이 많았던 시대였던 것 같다. 누구든지 꿈을 꿀 수가 있었고 희망이 있는 시대로 도전받던 시대가 아니었던가 사료된다.

지금의 많은 젊은 인재들은 직장의 불안한 마음을 감추지 못한 채 안정성이 높은 공무원이 되기 위해 골방에서 심혈을 기울이고 있고, 수많은 사업이 문을 열었다 닫고, 부는 편중되었고, 부의 사회 환원은 상실되어 가고 서민들은 저축은 고사하고 삶의 활력을 상실하고 절박한 생존의 기로에서 살아가고 있다. 국회는 일자리 창출과 고용 안정을 위한 노동개혁, 경제 활성화 방안 등을 방치하고 있다. 한국 노동조합 연맹은 9·15노사정 대타협을 파기 선언했다. 청년, 비정규직 장년층과 같은 고용시장의 약자들은 어디로 갈 것인가. 금수저와 흙수저로 사회는 더욱 양분되어 가고 있다. 언제 폭발할지 모르는 그들의 심정을 누가 해결해 줄 것인가. 드라마의 주인공 천봉삼이는 자유시장 경제를 원칙으로 중소상인과 동반성장을 주장했던 사람으로 열심히 일한 대가만큼 더불어 살자는 공생을 주장했던 사람이다.

대한민국 헌법에 "대기업에 쏠린 부의 편중 현상을 법으로 완화해야 하고 국가는 균형 있는 국민경제의 성장 및 안정과 적정한 소득의 분배를 유지하고 시장의 지배와 경제력의 남용을 방지하며, 경제 주체 간의 조화를 통한 민주화를 위하여 경제에 관한 규제와 조정을 할 수 있다."라고 되어 있다.

70년대 초에는 수출만이 온 국민이 먹고사는 문제를 해결할 수 있다고 판단한 정부가 수출산업에 역점을 두고 각 회사의 무역부 직원들로 하여금 무엇이든 수출을 할 수 있도록 지원을 해주고 수출 증진에 혈안이 되어 외국 바이어를 쫓아다녔던 추억이 나에게도 있다. 정부에서는 대형 종합무역 상사를 만들게 하여 무역 진흥공사를 중심으로 세계 도처로 조직망을 넓혀 세계는 넓고 할 일은 많다는 정신으로 세일즈맨들이 세계를 누비었다. 정부는 대기업을 중심으로 대형 종합무역 상사를 권장했던 것이다. 가난한 국가에서 굶주림에서 벗어나기 위하여 정부는 일부 기업에게 일감을 몰아주기도 했고, 특혜를 제공하여 그 기업의 경쟁력을 높여주고, 대형화를 시도하여 세계 굴지의 기업과 당당히 경쟁하여 우리나라 제품 수출을 증진 시켰다. 이 과정에서 외국에서 빌린 차관, 대규모 공공사업 발주, 업종별 대표기업 선정 등 단기간에 산업 기반을 갖추고 경제 성장을 이루기 위한 국가 정책의 혜택을 입은 것이 대기업들이다. 어찌 한 사람의 탁월한 능력만으로 재벌 신화의 주인공들이 됐다고 말할 수 있으랴. 대기업의 막대한 지원은 결국 국민의 희생에서 나온 것이 아닌가. IMF 외환위기 때도 국민의 세금으로 재벌들을 살리지 않았던가.

현재 우리나라의 기업의 99%가 중소기업이라고 한다. 고용의 88%도 중소기업이 창출하고 있다고 한다. 80% 이상이 삶의 터전이 중소기업이라고 한다면 당연히 대기업은 중소기업과 함께 가야 80%의 삶의 터전이 살아갈 수가 있지 않을까. 나도 중소기업에서 직장 생활을 해보아 그들의 어려움을 어느 정도 이해가 간다. 중소기업이 갈수록 어려움을 겪는다는 것은 대다수 서민들의 삶이 평온하지 않고 불안정하다는 이야기다. 산업구조의 모순과 시장의 무한 경쟁의 결과로 나타난 우리나라의 기업 생태계가 변화되지 않는 한 중소기업의 어려움은 사라지지 않을 것이다. 하루속히 대기업과 중소기업 간의 동반 성장할 수 있는 길을 모색하고 더불어 성장하여 중소기업의 고용을 창출하고 안정을 모색하지 않는 한 서민의 생활도 개선되지 않을 것이다.

　협력업체 납품단가나 후려치고 기술 빼돌리기 등과 같은 대기업의 행위와 그것을 눈감아주는 허점이 개선되지 않는다면 중소기업의 회생은 요원할 것이며 고용 창출도 제자리걸음을 할 것이다. 정부와 대기업은 자유경쟁 시장의 논리로 뒷짐만 지고 바라만 보고만 있을 것인가. 낙수효과만 주장할 것인가. 대기업에게 네 것을 내놓으라는 것도 아니다.

　정부는 공정한 규정을 만들어 지키게 하며 대기업과 중소기업이 동반성장할 수 있도록 뒷받침할 수 있는 제도적 장치가 시급한 것이다. 하루속히 중소기업과 대기업이 동반성장이 필요하며 소수 재벌과 대기업에 경제력이 집중되어서는 안 된다. 진정한 자본주의 원칙인 탐욕을 버리고 공정한 이윤을 추구하는 것이다. 대기업이 협력 중소기업에 대등하고 공정거래로 더 좋은 제품 생산과 기술 개발로 더 큰 이익을 발생시킬 수 있도록 노력해야 할 것이다.

철저한 삶의 계획

 지난 세월을 회상하면서 "과연 의미 있는 삶을 살았는가."라는 질문을 던져 본다. 사람마다 성공한 삶을 살았다, 아니다라는 해답은 각자의 주관에 따라 다를 것이고 삶의 목적을 어디다 두었느냐에 따라 다를 수 있을 것이다.
 누구든 삶의 전환점에 다다르면 가는 길이 좌로 갈 수도 있고 우로 갈 수도 있다. 그 결정은 전적으로 본인의 몫이다. 본인이 홀로 판단할 수도 있고 멘토와 상의하여 결정할 수도 있다. 시대의 변화나 혹은 환경의 영향을 받을 수도 있다. 누구를 만나느냐에 따라서도 삶의 방향이 정해질 수도 있다는 것도 부인할 수 없다. 긴 안목을 보지 못하고 근시안적인 생각에 사로잡혀 결정을 잘못한 탓으로 도중 하차하는 경우도 있을 것이다. 분명히 이 길로 갔어야 되었는데 왜 저 길로 갔을까 하며 후회하고 아쉬워할 때도 있겠고 제 갈 길을 잘 택하여 승승장구하는 사람도 있을 것이다.
 페니실린을 개발해 낸 알렉산더 플레밍은 윈스턴 처칠 수상과 어린 시절 냇가에서 수영하다가 물에 빠진 처칠을 구해준 인연으로 처칠의 아버지 도움으로 의학 공부를 하게 되었다. 그런가 하면 처칠은 전쟁 중 폐렴으로 생명이 위독해지자 플레밍이 개발한 페니실린으로 처칠의 생명을 또 한 번 구해내는 삶을 경험하게 된다. 역시 누구를 만나느냐 따라 인생이 바뀔 수가 있다는 증거이다.

나에게도 지난 과거를 살펴보면 분명히 삶의 방향을 잘못 선택한 때가 있었다. 지금도 그 아쉬움은 내 뇌리에서 좀처럼 사라지지 않는다. 나는 그 당시 명문 중고교를 입시를 통하여 어렵게 입학하였다. 학업에 열중하던 중 중 2학년 말경 초등학교 동창생의 설득에 워치타워 성서협회라는 여호와의 증인의 신앙에 빠지게 되었다. 말세가 가까이 오고 있으니 예수님을 믿어야 된다는 것이다.

나는 당시 진화론을 믿지 않는 상태였다. 그리고 신은 살아 있다고 믿었다. 지금 생각하면 중학교 2학년이 뭐 그런 것을 생각했을까. 학업은 뒤로하고 어린 시절의 시간을 대부분 신앙생활로 보냈다. 부모님은 내 고집을 꺾으려고 무진 애를 쓰셨다. 그러나 내 사상은 꺾이지 않았다. 부친은 야단을 치시고 나로 인하여 가정불화가 자주 일어났다. 결국 부친께서 결단을 내리시어 부친의 사업체를 정리하시어 나를 데리고 서울로 이사를 하셨다. 온 가정이 서울로 생활 터전을 옮긴 후 모든 것이 새 출발이었다. 나 역시 새 결심을 하고 열심히 학업에 몰두하여 대학 졸업과 동시에 ROTC 장교로 임관하여 2년간 근무 후 예편했다. 예편 후 경영학 석사과정을 수업하면서 박정희 대통령의 수출 드라이브 정책에 힘입어 중소기업인 개인 무역회사에 입사하여 열심히 수출역군으로 해외에 섬유

제품을 파는데 전력을 기울였다.

　서울 중심가에 자리 잡은 호화로운 사무실에서 외국 바이어들과 만나 즐기면서 수출에 전념하느라 정신이 없었다. 한국 물건을 팔아 해외 자본을 끌어들이자. 낮에는 업무에 시달리고 저녁에는 경영대학원에 입학하여 수업에 열중하느라 정말 눈코 뜰 새가 없었다. 거의 10여 년의 세월을 열심히 일하며 세월을 보낸 것 외에는 기업체의 노후대책이나 퇴직금제도 등 사원에 대한 복지 대책은 전연 찾아볼 수가 없었다. 결국 30대 후반에 나는 중소기업과 격별하고 국영 기업체로 옮겼다. 열심히 근무하던 중 또 한 번의 전환점을 맞이하게 됐다. 아내가 이민 간 처제로부터 받아놓은 미국 이민 페티션의 만기가 다가온 것이다. 이민 간다는 확실한 계획도 없이 받아놓은 페티션의 유효 기간이 만료된다는 것이다.

　이민을 가느냐 포기해야 되느냐, 난처한 상황이다. 그때만 해도 40세에 이민을 떠난다는 것이 만시지탄감이 들 때다. 또 한 번의 인생의 전환점에서 가부를 결정해야 할 고민에 쌓이게 된다. 결국 나는 이민 비행기를 탔다. 지금 돌이켜보면 신앙에 빠져 학교 수업을 정상적으로 받지 못한 것이나 석사 과정을 제대로 마치고 직장을 잡지 않은 것이나 갑자기 이민을 떠난 것이나 모든 것을 생각해 보면 인생의 계획이 부족했음을 느낀다.

　우리의 삶은 긴 안목으로 충분히 검토하고 면밀한 계획을 세운 후 시행해도 늦지 않는다는 것을 깨닫는다. 그리고 모든 발걸음은 하늘에 맡기는 것이다. 삶이란 한 조각의 구름인 것을.

멋진 결혼 멋진 사람

영국 찰스 왕세자의 둘째 아들 해리 왕자가 2018년 5월 19일 미국인 여배우 '메건 마클'과 역사적인 결혼을 올려 부부가 되었다.

영국 왕실 왕세자비 다이애나가 비운으로 세상을 떠난 지가 20년이 지났다. 당시 윌리엄 왕자가 15살이고, 해리 왕자는 12살이었다. 엄마의 따듯한 사랑을 듬뿍 받고 자라던 이 왕자들은 비운으로 세상을 떠난 왕세자비, 다이애나 엄마를 얼마나 그리워했겠는가. 이제 10년간의 군 복무를 마치고 전역하게 되는 해리 왕자는 파키스탄 파병 경험도 있고 소대장 임무도 잘 수행했으며 헬기 조종사 자격증도 있다고 한다.

어려운 고비를 넘기며 잘 성장한 해리 왕자가 이제 33세의 청년이 되었다. 두 형제의 나이는 엄마가 세상을 떠날 때의 나이가 되지 않았나 생각이 든다.

엄마와 아빠는 유머를 좋아하고 운동을 즐기는 공통점이 있었지만 아빠 찰스 왕세자의 스캔들로 엄마 다이애나의 결혼생활은 그리

밝지 못했으며 결국은 1996년 남편과 이혼하게 되는 결혼의 파국을 맞이하게 된다. 그들은 겨우겨우 이혼한 후 새 출발을 하게 되는 무렵 결국은 다이애나비는 파파라치의 극성으로 교통사고로 유명을 달리하게 되니 두 아들은 사랑하는 엄마를 잃게 되는 서글픈 운명을 맞게 된다.

두 왕자의 외로움이 짐작이 간다. 귀뚜라미 우는 달밤에 기러기 떼도 엄마 엄마 부르며 하늘을 엄마 따라간다는데…. 왕실에서 극진한 대우를 받으며 엄마의 사랑을 받던 그들은 나름대로 충격적인 외로움을 맛보았을 것 같다.

해리 왕자가 흑인 계열의 유색인종과 결혼하려고 결심하면서 극도로 보수 성향이 있는 영국 왕실에서도 신부인 메건 마클의 입성을 허락한다. 신부의 아버지는 백인 계열, 어머니는 흑인 계열이다. 결혼 경력이 있는 신부는 할리우드의 혼혈 여배우 출신이다. 사랑에는 국경이 없다는 말이 맞는 것 같다.

결혼식은 원저 성에 있는 왕실 전용 예배당 세인트 조지 성당에서 아버지인 찰스 왕세자가 신부를 데리고 입장함으로 시작된다. 식 며칠 전 엘리자베스 2세 여왕으로부터 해리 왕자는 서식스(Sussex) 공작 직위를 받았다. '메건 마클'도 역시 공작부인이 된 것이다. 해리 왕자는 드디어 왕위 서열 6위에 올랐다. 많은 사람의 사랑을 받으며 축복 속에 결혼식은 거행됐다.

"사랑하는 아들아, 무슨 말을 할지 막막하구나. 어느덧 자라서 이렇게 많은 하객의 축복 속에서 결혼식을 올리고 새 가정을 꾸민다고 생각하니 만감이 교차하는구나. 항상 지금처럼 서로를 위하고 아끼며 행복하게 살길 바라고 매사 슬기롭게 세상을 헤쳐 나가기 바란다."라고 참석지 못한 엄마도 그 어딘가에서 이렇게 말했을 것만 같다.

빠르게 변화하는 세상에 발맞추어 보수의 왕가가 변화되어 진보적인 생각으로 바뀌어 가는 모습을 바라본다. 인종 차별 없이 서로 사랑하고 존중하는 사회가 되어야 하지 않겠는가.

한국에 사는 한국인들도 외국에서 온 외국인들 그리고 조선족들에게 혹시 차별 대우를 하지 않았는지 다시 한번 되돌아보아야 하겠다. 멋진 결혼은 성스럽고 많은 하객들의 축복 속에 멋지게 하는 것도 멋진 결혼이지만 과거야 어쨌든 현재 시점에 서로가 약속을 했으면 서로의 단점을 감싸주어 불행의 씨를 들추지 말고 사랑의 주 언어가 무엇이며 부 언어가 무엇인지 서로 깨닫고 이해와 타협으로 한 가정을 한평생 잘 끌고 가며 아이들에게 불행을 넘겨주지 않는 것이 멋진 결혼이며 멋진 사람이 아닐까 생각해 본다. 게리 채프먼의 '사랑의 언어 5가지'가 그들의 행복을 창조하기를 바란다.

교회 분쟁, 용서와 사랑의 기회로

사람 사는 곳이면 어디서든지 분쟁이 있게 마련이다. 가정이든 직장이든 어느 공동체를 막론하고 분쟁은 끊임없이 일어난다. 특히 교회는 항상 사랑과 용서가 충만한 곳으로 많은 사람이 고정관념이 박혀있어 교회의 분쟁에는 더 유난히 눈총을 주고 더 비난을 받는 것은 사실이다. 교회의 목적과 사명이 무엇인가. 예수님은 세상을 사랑하기 때문에 세상 죄인들을 구하기 위해서 오시지 않았는가. 이제 교회만이라도 분쟁이 발생하면 모든 교인들은 하나님의 말씀 안에서 지난날 분쟁의 결과를 반면교사로 삼아 용서와 사랑으로 서로 미워하지 말고 회개하며 한 단계 발전하는 기회를 만들어 허무한 결과를 피할 수 있는 길이 모색 되었으면 하는 마음 간절하다.

이상하게도 교회 분쟁의 그 얽힌 매듭 풀기란 그리 쉽지가 않은 것 같다. 분쟁 기간이 길면 길수록 교회와 성도들은 깊은 수렁의 늪으로 점점 빠져들어 안타까운 마음만 맴돌 뿐이다. 성경적인 논리보다 감성적인 논리로 인신공격과 이미지 공격에 해결은 안개 속으로 들어가 엉뚱한 방향으로 흘러가는 수도 있다. 편이 갈라져 반대편을 배척하는 느낌을 받으면 교인들은 더 몸 둘 바를 모른다. 이것이 교회의 불행이 아니고 무엇이겠는가.

분쟁은 성경적인 원리와 도덕적 기준을 두고 판단하여 답을 찾아야 한다. 충분한 설명과 질문도 필요하다. 각자의 처해 있는 상황에 따라 판단 기준을 어디다 두느냐에 따라 해당 문제가 옳을 수도 있고 틀릴 수도 있을 것이다. 문제는 자기입장에서 판단하다 보니 자기의 주장이 옳다고 한다. 양쪽이 모두 옳다. 가는 목적지가 같지 않는가. 다만 가는 길이 좀 다를 뿐이다. 대부분의 교인들은 상황을 제대로 파악도 못 하고 그저 어리둥절할 뿐이다. 단편적으로 주워들은 정보로 이러쿵저러쿵 떠드는 사람도 있다. 정확한 상황 파악 없이 무조건 상대방의 의견에 공격을 가하는 사람도 있다. 양쪽이 모두가 일리가 있다. 명분이 하나님을 위한 것이고 교회를 위한 것인데 틀릴 리가 있겠는가. 다만 사랑과 용서와 양보가 없으며 문제를 해결하려는 의지가 없다는 것이다. 시키는 것이나 하고 가만히 있으라는 식의 아집을 부린다. 교회는 사명과 목적이 있다. 그 목적에 기준을 두고 생각하고 판단한다면 분명히 어느 것이 하나님이 원하시는 것인지 좋은 결과를 도출해내리라 생각한다.

분쟁 속에서 오직 보이는 것은 내 편 밖에 보이는 것이 없다. 교인들이 흩어지든 말든, 교회가 무너지든 말든 관계하지 않는다. 솔로몬의 지혜에 나오는 두 여인에게 어린아이를 반으로 나누어 가지라는 명령에 그대로 무자비하게 반쪽씩 쪼개어 가지려는 기세다.

진짜 엄마가 없다. 어린아이는 몸이 찢어져 아파서 발버둥 치고 있고 하나님은 가슴 아파하신다. 그러나 양쪽 여인은 나 몰라라 하나님과 교인은 보이지 않는다. 애가 죽든 말든 교회가 깨지든 말든 아랑곳없다.

수십 년 같이 지내던 형제자매는 자취를 감추고 양 떼들은 슬금슬금 흩어지고 만다. 사랑과 용서가 없기 때문이다. 서로가 끝까지 시비를 가려 자기의 옳은 주장이 관철돼야 이것이 교회를 위하고 하나님의 사명을 다한 것으로 착각한다. 소탐더실의 현상이 벌어진다. 만약 자기의 생각이 옳다고 해도 나부터 양보하면서 한발 뒤로 물러나 보자. 차라리 잠정적인 유예기간을 가지고 목회자와 장로를 비롯하여 전 교인이 회개하고 기도와 대화로 거듭날 수 있는 기회를 가져봄이 바람직하지 않겠는가. 분쟁의 기회를 명실공히 용서와 사랑을 실천하는 기회로 만들자.

> 인생은 메아리와 다름없다. 자기가 한 행동은 자기가 되돌려 받게 되고 자기가 뿌린 대로 거두는 것이고 베풀면 자기도 받게 된다. 남들에게서 네가 보는 것들은 자기 안에도 그것들이 존재한다는 것이다. - Zig Ziglar -

소금 맛을 잃은 지도자들

　인간은 생각하는 대로 말이 나오고 말하는 대로 행동하게 된다. 행동은 습관이 되고 그 사람의 인격으로 형성되기 마련이다. 만약 생각이 바뀐다면 태도와 행동이 바뀔 수도 있고 인격의 변화를 가져올 수도 있다. 그러니 생각은 인생의 소금이라고 말할 수 있지 않겠는가.
　소금은 염화나트륨과 염소로 구성되어 우리 몸에서 산과 알칼리의 평행을 유지시켜 주고 우리가 사는 이 세상에 유기체가 썩어가는 것을 방지해 주기도 한다. 만일 소금의 화학원소가 염화나트륨 대신 다른 원소가 들어갔다면 소금의 맛을 낼 수 없고 제구실을 할 수가 없다. 인간의 소금에도 소금 맛을 잃으면 우리의 정신 상태의 부패와 악취를 제거할 수 없다. 위정자들의 사고에 특이한 정치적인 사상의 원소가 내포돼있다면 역시 짠맛을 낼 수가 없고, 올바른 정치가 구현될 수 없을 것이다.
　예수님은 너희는 세상의 소금이라고 했다. 소금이 만일 그 맛을 잃으면 무엇으로 짜게 하겠느냐 후에는 아무 쓸데 없어 밖에 버려져 사람에게 밟힐 뿐이라고 이야기했다. 요즘은 인생의 소금 맛이 너 나 할 것 없이 모두가 제맛이 나지 않는 것 같다. 소금이 짠맛을 내야 맛있는 음식을 만들 수 있는데 제맛을 못 내니 별로 맛이 없다. 국민은 말할 것도 없고 국가의 지도자들은 소금의 맛을 잃어서는 안 되는데 요즈음 미국이든 한국이든 위정자들의 소금 맛 상실로 물고 뜯는 비방과 폭로가 한창이며 막말로 남을 헐뜯고 저주하고 방향을 잃은 난파선처럼 이리저리 흔들리고 있다. 때로는 내가 못하는 막말을 들을 때면 속이 시원할 때도 있으니 나도 소금 맛을 잃은 모양이다. 막말은 어감에 따라 욕이 될 수도 있고 그렇지 않을 수도 있다. 거짓을 옳다고 고집하는 위정자들 때문일까, 그 원인이 어디 있을까. 한국에서는 국가를 책임진 위정자들이 안보의 해체로 국가의 존립이 위태로우니 막말이 나올 만도 하지 않겠나. 덕과 자기희생은 찾아볼 수 없고 반성과 사과 그리고 타협은 온데간데없으며 오직 자기 밥그릇에만 정신이 팔려있으니 국민들의 원성이 부글부글 끓고 있지 않겠는가. "개가 사나우면 술이 시어진다."라는 말이 있다. 사나운 개 같은 신하가 활개를 치고 조정에 간신배들이 들끓으면 어진 신하가 군주를 떠나고 모이지 않는다고 법가의 집대성이자 통치술 제왕학의 창시자인 한비자의 외저설우에 나오는 말이 있다.

　에이브러햄 링컨 대통령의 게티즈버그 연설에서 국민의 정치, 국민에 의한 정치, 국민을 위한 정치가 이 지구에서 영원할 수 있도록 우리 모두 노력해야 한다고 외치고 있지 않는가. 모였다 하면 내 편 네 편이다. 지도자가 소금 맛을 잃지 않았다면 평등한 기회 공정한 과정을 거쳐, 정의로운 나라가 됐어야 할 것이다. 남을 배려하고 고집을 버리고 포용하는 지도자, 독선적이 아닌 지도자가 우리 앞에 있어야 하지 않겠는가. 지역 간 세대 간 국민 통합은 한낱 꿈이었던가. 남북통일은 고사하고 우리끼리라도 탐욕을 버리고 진정한 국민 통합이 됐으면 얼마나 좋을까. 진보고 보수고 경제, 정치, 교육, 종교 모두가 국가가 없으면 무슨 소용이 있겠는가. 정치를 잘하고 못하고도 문제겠지만, 국가의 지도자는 최우선이 국가를 지키는 것이 제일의 의무가 아닌가. 국가의 안보 없이 어떻게 더불어 잘 사는 세상을 만들 수 있겠는가. 무조건 밀어붙인다고 다 되는 것은 아니다.

드디어 기다리던 비가 내렸다. 몇 주 전 강풍으로 남가주 사방 산악지역에서는 걷잡을 수 없는 산불 화제로 불바다가 됐었다. 그때 비가 좀 내려 주었으면 하는 마음이 간절했다. 소방관들의 수고를 덜어 주었으면 얼마나 좋았을까. 아쉽던 비가 오늘은 억수같이 쏟아져 더럽혀진 도심의 아스팔트 길은 깨끗이 청소되었다. 온 국민과 위정자들도 거짓의 가면을 씻어 버리고 인생의 소금 맛을 되찾아 하루속히 잘 사는 고요한 아침의 나라가 왔으면 하는 마음 간절하다.

코로나19와 척추협착증

코로나 19가 중국 우한시에서 난리를 치자 한국에도 덩달아 요동을 쳤다. 이 와중에 나는 멀쩡한 다리와 허리가 갑자기 저리고 통증이 와서 걸을 수가 없다. 친구들과 밝은 표정으로 걷던 맨해튼 비치도 갈 수가 없다. 중국은 지리적으로 가깝고 글로벌 시대에 정치 경제 금융 모든 분야에 거미줄처럼 얽혀있으며 교통수단의 발달로 중국에서 난리가 나면 한국에서야 요동치는 것은 어쩔 수 없는 현실이다. 무찌르자 오랑캐 몇 해 만이냐 하며 발맞추어 노래 부르던 50년대 초등학교 시절을 생각하면 그때는 중국하면 공산국가로 국교가 단절된 멀고 먼 나라였건만 세월이 흐르다 보니 세상은 변화되어 적대국으로 원수의 앙금도 희석되어 문재인 정권은 미국보다 더 친중 정책을 선호하고 있으니 세상 많이 변하지 않았는가.

한국 정부가 코로나 19의 초기 대응 미숙으로 바이러스가 전국적으로 확산되어 확진자는 무섭게 증가하고 대구시 같은 곳은 놀랄 정도로 확산이 되었다. 아쉬웠던 것은 초기에 중국인 입국을 금지

시켰다면 감염자 확산을 효과적으로 막을 수 있었을 것이다. 육안으로 볼 수도 없는 하찮은 미생물로 인하여 만물의 영장이라고 하는 모든 인간은 맥도 못 추고 집안에서 꼼짝도 못 하고 감염자는 자가 격리 조치를 준수할 수밖에 없다. 전 세계가 같은 고통을 당하고 있으니 한숨이 절로 나온다. 일일권 내에 있는 세계는 코로나 바이러스 확산으로 기하급수적으로 확진자의 수는 점점 늘어나 의료 장비의 부족으로 의료혜택을 받기 어려운 상황까지 도달하고 환자들은 어려움을 겪고 있는 실정이다. 사망자도 날로 증가 추세로 좀처럼 수그러들 기미가 보이지 않는다. 다행인 것은 한국의 방역 체계가 세계에 관심을 고조시켜 벤치마킹할 기회를 제공했다는 것이다. 인간의 자연 파괴로 자연의 질서가 완전히 역주행하고 있는 실정이다.

이곳 남가주도 그 수많은 차량과 인파, 끝이 안 보이는 치열한 삶의 터전에서 인간의 힘으로 막을 수 없는 것들을 코로나 19가 정지시켰다. 모든 분야에 변화를 일으켰다. 일상생활의 필요한 상점을 제외하고는 거의 문을 닫고 집에 머무르는 초유의 사태가 벌어졌으니 경제활동은 마비되고 병원도 제 기능을 발휘 못하고 바이러스 퇴치로 사회적 거리두기, 마스크 쓰기, 평생 보지 못하던 새로운 규정에 익숙해져야 할 판이다. 각국은 병실 등 의료 기구 부족과 사망자 처리 문제로 완전히 아비규환이다. 정부는 증폭되는 사태를 수습하기에 안간힘을 쓰고 있지만 한 치 앞이 안 보인다. 인간이 얼마나 나약한가를 보여주고 있다.

나는 젊었을 때는 노인들이 아프다고 하면 으레 나이 들면 아프려니 하고 넘겼다. 우리 어머니도 생존 시 앉기만 하면 무릎에다 따끈한 다리미를 대고 앉았던 모습을 종종 보았다. 그때야 노인이 되면 그러려니 하고 넘겨 버렸다. 지금 생각하면 모든 것이 미안할 따름이다. 좀 더 따뜻한 말 한마디의 위로라도 해드릴걸. 지금 후회해보아야 무슨 소용이 있겠는가. 막상 자신이 진통으로 잠을 못 자다 보니 그 후유증이 더 사람을 괴롭힌다. 80이 되다 보니 노인답게 세월을 보내라는 하늘의 명령인가 보다. 하늘이 주신 자연법칙은 예외가 없는 것 같다. 이유 없이 찾아오는 불청객이라고 생각도 해보았다. 하나님의 말씀이 어디 하나도 틀린 말이 있나. 차일피일 미루며 저절로 낫겠지 하면서 하루하루의 시간을 보낸다.

점점 더 걸을 수가 없다. 신경내과에서 진단을 받아보니 노인병이라며 MRI를 찍어 보라는 것이다. MRI 검사 결과를 보아도 그렇게 대수롭진 않은 것 같다고 말한다. 디스크와 허리뼈 4번 5번에 문제가 발생한 척추관 협착증이라는 것이다. 나이가 들면 누구나 약간의 디스크가 튀어나온다던가 척추관이 좁아지며 인대가 두꺼워져서 신경이 눌리는 현상으로 정강이가 저리고 통증이 오면서 허리도 아프고 좌골 신경통으로 통증이 온다고 한다. 그런가 하면 다리 쪽으로 내려오는 추간공 협착으로 통증이 발생할 수도 있다는 것이다. 의사는 근육 완화제 가바펜틴을 먹으라고 한다. 의자에 앉아 컴퓨터 작업이나 운전하는 경우는 통증이 없다. 서 있거나 걸으면 통증이 온다. 똑바로 누워도 다리가 저리고 통증으로 잠을 잘 수가 없다. 다리의 중요성을 다시 한번 실감한다.

  MRI 상에는 별로 심각한 것으로 나타나지 않는데 왜 통증은 점점 심해져 갈까. 서서 있을 수가 없다. 걸을 수도 없다. 다리 정강이가 저리고 감각이 없어진다. 엉덩이와 허리가 아프다. 모든 활동을 자유롭게 할 수 없다.

  몇 달 전 윌셔 거리를 지날 때 한 후배를 우연히 만난 적이 있다. 첫마디가 선배님은 아직도 청년 같습니다. 그 말을 들었을 때 기분은 좋았는데 그것도 한순간이다. 이게 뭐람. 통증이 좌우지간 사라져야 사람이 살아갈 것이 아닌가.

  남들이 다 맞는 통증 주사를 맞아보자. UCLA 대학병원이 좀 믿음직스러운 것 같아 친구 소개로 먼저 신경외과를 찾았다. 뼈에는 이상이 없다고 하며 신경내과를 소개한다. 신경내과 담당 의사의 진단은 통증 주사를 맞으라고 권하며 Call for injection라고 씌여진 메모지를 준다. 결국 2월 28일 (2020) 통증 주사를 맞고 통증이 사라질 것을 기대하며 며칠을 보냈다.

  일주일이 가고 이십여 일이 지나도 반가운 소식은 오지 않는다. "뭐 이런 게 있어."라고 투덜대봐야 통증은 계속된다. 까마귀 날자 배 떨어진다는 말이 있다. '집에 머무르기' 행정명령이 내려졌다. 병원은 비상이다. 두 번째 주사 맞기로 된 약속은 무기 연기되었다. 통증 주사는 통상 한번 시도해서 효과가 없으면 두 번까지 시술을 한다고 한다. 세 번은 못 맞는다고 한다. 뼈에 이상이 생기기 때문이란다. 도저히 참을 수 없다. 한인 타운에 자리 잡은 통증 병원으로 달려갔다. 두 번째로 주사를 맞았다. 하나님 이번에는 제발 통증이 사라지도록 도와주시옵소서. 기도하며 기다리는 수밖에 없다. 모든 사람은 코로나바이러스 때문에 칩거 중이다. 나는 다리가 아파 나가고 싶어도 나갈 수 없다.

상황이 더 긴박한 뉴욕에 거주하는 딸은 아빠의 다리가 더 염려되는지 자주 전화가 온다. 전 세계가 전염병어 노출된 상황에서 두 부부가 아프면 정말 낭패다. 사람이 죽으라는 법은 없다지. 다행히 아내의 건강이 그만만 해져서 천만다행이다. 시간이 어느 정도 흐르다 보면 괜찮겠지 마음 먹고 꾸준히 약도 먹고 걷기 운동을 열심히 하였다. 지금은 서서 칫솔질할 정도는 된다. 쓰레기 버리고 콘도 단지 내 편지함에 가서 편지를 가져올 정도는 되어가니 그것도 감사하다.

이 팬데믹 기간에 내가 할 일은 무엇인지 앞으로 나아갈 길을 찾아보자. 찌푸리던 날씨가 오늘은 햇살이 뜨겁다. 어제에 이어 오늘도 의자를 밖에 놓고 걷다 쉬었다 걷다 쉬었다 하며 1,500보 목표를 달성하였다. 코로나19는 언제 사라질 것이고 내 통증은 언제 사라질 것인가.

곁에 있는 동기생들

4·19혁명과 5·16혁명의 소용돌이 속에 많은 사건들과 소식이 우리 곁을 지나면서 우리 59학번 동기생들이 졸업한 지도 50여 년이 훌쩍 흘러갔다.

미국에 이민 온 날짜야 각자가 다르겠지만 이곳 로스앤젤레스에서 생활한 지도 눈 깜짝할 사이 수십 년이 지나 이제는 동기생들의 검은 머리가 희끗희끗 변했다. 그것을 볼 적마다 감개무량하다. 겉모습은 할아버지 할머니 타이틀이 붙었을지언정 마음만은 젊음을 간직한 채 희망적이고 낙관적인 자세로 두 달에 한 번 마지막 목요일에 만나는 열정이야 어디다 비교하겠는가.

이제 모두가 마음을 비웠다. 밀렸던 이야기, 그동안에 이런저런 이유로 주지 못했고 베풀지 못했던 것, 조금이라도 더 주려고 열심히 주고받는 동기들의 모습이 정말 행복하다. 한때는 모두가 건강하고 바람직한 사회 구성원으로 큰 역할을 감당했지만 이제 거의 은퇴를 하고 각자 흩어져 있고 시력도 좋지 않고 몸도 안 좋으니 자주 만날 수는 없다. 그래도 동기들의 소식이 그립고, 보고 싶은 얼굴들을 보려고 열심히 모임에 참석하려는 열정을 볼 적마다 마음이 뿌듯하다.

동기회 회장으로 여자 동기생이 선출되다 보니 동기회가 더 활성화되고 더욱 모임은 즐겁고, 프로그램이 다양하여 점심 먹는 맛이 꿀맛이다. 얼굴을 마주하며 밥 한 끼 먹는 것이 뭐 그리 대수롭게 여기지 않는 사람도 있겠지만 내일 모레면 팔순이 돼가는 동기생들에게는 두 달의 한번 만나는 동기회 모임은 삶의 활력을 불어넣어 주고 얼마나 귀한 시간인지 모르겠다고 이구동성으로 외친다.

회장의 유모와 재치로 모임을 잘 리드해가며 꼭 식사할 때는 감사 기도를 한 후에 식사를 개시하는 것도 감사한 일이 아닐 수 없다. 걸을 수 있어 좋고 가고 싶은데 갈 수 있어 좋고 먹고 싶을 때 먹는 것도 감사하다. 더구나 여러 동기와 함께 환담을 나누면서 먹는 재미를 옛날에는 몰랐다. 모든 것들이 그러려니 했고, 모든 것이 저절로 되는 줄 알았다.

그러나 지금은 모든 것이 감사할 뿐이다. 성공과 실패는 마음먹기 달렸다. 우리 동기생들은 모두가 부자다. "16년 전 위암으로 먼저 이생을 떠난 김완식 동기생과 얼마 전 신장병으로 고생하다 먼저 간 배연원 박사가 있었다면 더 자주 만나고, 오고 가는 소식이 더 많았을 텐데…."라며 동기생들의 아쉬운 목소리도 있지만, 나머지 협착증으로 걷지 못할 때 걷는 것이 얼마나 감사한지 경험해보지 않은 사람은 모를 것이다.

동기생들이 여기까지 함께 왔다는 것이 얼마나 감사한가. 앞으로 우리들의 삶은 부정적인 발상이랑 바람은 따서 멀리멀리 띄워버리고 작은 목표라도 꼭 붙들고 승리하는 삶을 살아가려고 다짐해 본다. 건강을 잃으면 모든 것을 잃는다고 했다. 고려 말의 학자 야은 길재의 시 가운데 이런 구절이 생각난다.
　"시냇가 오막살이 홀로 한가히 사느니 달은 밝고 바람은 맑아 흥이 남아돈다. 손님은 오지 않아 산새와 더불어 얘기하고 대숲으로 평상을 옮겨 누워 책을 본다."
　마음의 여백을 넓히자. 배려하는 마음도 가져보자. 감사는 물과 햇볕과도 같다. 물과 햇볕이 나무를 잘 자라게 하듯 감사는 행복을 만드는 햇볕이다. 내가 가진 것이 얼마나 많은가를 발견을 못 할 뿐이다. 건강, 아이들의 웃음, 동기들의 만남, 여유 있는 마음을 가지고 세상사 엉켜있는 문제들을 풀어주고 이웃을 사랑하면서 살아가기를 바라는 마음 간절하다. 지난날의 추억이 그립다. 이제 또 눈 깜작하면 고요히 흐르는 밤의 적막이 싫다고 귀뚜라미 우는 가을이 오리라. 그리고는 인생의 겨울도 오겠지. 오늘도 곁에 있는 동기들이 있어 마음이 든든하다.

세계 속의 한글

 올해에 세종대왕이 훈민정음을 반포한 지 569돌이 된다. 한글날을 맞이할 때마다 한글의 우수성을 반추하며 한글의 세계화를 적극적으로 추진하기 위하여 정부나 민간단체에서는 각고의 노력을 하고 있다. 한글은 두말할 것도 없이 과학적이그 독창적이며 단순하고 배우기도 쉽고 가르치기도 쉽다.
 사람들 사이에 의사소통의 도구로서 간단히 배워 편하게 쓰고 쉽게 표현할 수 있으면 좋은 글이라고 믿었기에 이런 훌륭한 글을 창조하셨으리라.
 1975년에 로스앤젤레스 방문 시 디즈니랜드를 방문한 적이 있었다. 물론 광고 선전 안내문 모두가 한글로 표시된 것은 한 글자도 찾아볼 수가 없었다. 물론 한국말 하는 사람, 이중 언어가 가능한 사람은 찾아보기 힘든 시절이었다. 그 후 5년 뒤에 나는 미국 로스앤젤레스로 이민을 왔다. 초등학교 4학년 된 아들과 초등학교 1학년인 딸 그리고 아내 등, 네 식구는 미국 땅에서 새로운 삶을 시작했다. 아이들은 학교에선 영어, 집에선 한국어를 사용했다. 물론 나의 영어 실력은 세월이 가도 늘 제자리걸음이었다. 생활에 시달리다 보니 전연 영어 공부할 시간이 안 난다. 몇 년 지나다 보니 아이들과 비교도 할 수 없을 정도로 영어 수준이 달라짐을 깨달았다. 40대 초반에 이 나이에 뭘 더하겠나 체념을 하면서 그저 바쁜 생활 속에 묻혀 35년을 산 것이다. 그렇지만 아이들에게 한국어를 가르치기 위해 집에서는 끈질기게 한국말을 사용하였다.

지금은 그 아이들이 성장하여 한국의 대기업에서 또 한국의 외교관으로 나가 열심히 일하고 있다. 지금 생각하면 비록 내 영어 실력은 장족의 발전은 못 했다 하더라도 미력하나마 수십 년 동안 바쁜 삶 가운데 세계 속에서 한글을 세계화하는데 다소나마 공헌하지 않았나 자부심을 갖는다.

오래전 이야기다. 출근길 110번 프리웨이를 타고 로스앤젤레스 다운타운에 들어서고, LA 컨벤션센터 내에 자리 잡은 1999년에 건립된 로스앤젤레스의 얼굴이라 할 수 있는 우주선처럼 생긴 거대한 건물 스테이플 센터가 있다. 그곳에 부착한 광고판에서 '희영'이라고 쓰인 네온사인 광고를 보았다. '희영'이 무슨 말인가? "분명 저것은 '환영'을 잘못 기재했을 거야." 중얼거리며 아내와 코웃음 치며 지나친 적이 있다. 거의 한 달 이상 그대로 붙어있었다. 대기업체에서 설마 잘못할 리는 없을 텐데 싶어서 한글 사전을 찾아보았다. 분명 '희영'이라는 말은 없다.

한 달이 지나도록 누구 하나 고쳐주는 사람은 없었다.

'희영'은 말없이 수줍어하고 있을 뿐 그 좋은 건물 위에서 번쩍이며 뽐낼 만도 한데…. 세계 속의 한국인이 너무나 무관심하지 않았나 생각이 든다.

몇 년 전만 해도 뒤뚱뒤뚱 걸으며 할아버지 품에 안겨 장난하던 손자 녀석이 어느덧 몇 년간 학교에 다니다 보니 친구들과 영어로 자연스럽게 수다를 떨고 집에 와서는 엄마하고 늘 한국말을 사용하다 보니 한국어도 능숙하게 표현한다. 이것이 바로 한글의 국제화가 아니겠는가. 이제 나는 영어라면 그 녀석들 옆에 서면 작아지기만 한다. 할아버지 발음이 틀렸다고 종종 지적도 한다. 야, 이놈아 이것이 영국식 발음이야. 허허허 웃어넘긴다. 지금도 향수병에 걸려 한국 TV 드라마에서 시선을 떼지 못하고 있는 이민 1세들, 미국 방송 10분만 봐도 지루함을 느낀다. 그래 우리가 대학에서 교수들한테 문학을 배웠지 말을 배운 것은 아냐. 지금도 지긋지긋 골치 아픈 19세기 소설 아이반호, 영국의 시인, 존 밀턴의 장편 서사시 실락원(1667), 셰익스피어 작품들을 읽느라 고생 많이 했고 학점 따느라 죽을힘을 다했건만 이곳에 와 제대로 듣지 못하고 말도 못하다 보니 안타깝기만 하다. 그러나 한글의 세계화로 점점 안타까움은 사라지는 것 같다. 병원엘 가도 한국어로 통역을 해주고 보험사에도 한국어 담당 및 각종 한글로 된 유인물들이 쏟아져 나오고 전화국 어디서나 한국어 담당자가 있어 도움을 받을 수 있다. 이것이 한글의 세계화로 나가는 기회를 마련하는 것이고 1세들이 1.5세와 2세들에게 시간과 정력을 투자한 결실이 아니겠는가.

국력의 신장과 더불어 한글의 세계화는 더 가까이 오는 것 같다. 6·25 사변으로 인한 한국전쟁은 1950년 6월 25일 북한군의 남침으로 시작되어 1953년 7월 27일 휴전협정이 발효되었다.

그 당시 1인당 국민소득이 67달러였다고 한다. 그 이후 경제 대국의 반열에 진입되어 2만8천 달러로 경제 기적을 이루었다. 한국의 경제발전과 더불어 세계 속에 한글과 한국 문화는 피와 땀과 눈물의 결과로 꽃을 피워가고 있다. 한류 또한 한글을 세계 속으로 끌고 가는 원동력이다. 사람의 마음이란 필요성이 있을 때 어떤 것을 소유하고 싶어 한다. 한국 노래가 좋으니 한국 노래를 배우고 싶어 한다.

세계 최고의 시성이신 송강 정철(1536-1593) 선생의 〈사람의 도리〉라는 시조가 있다. "마을 사람들아 옳은 일을 하자꾸나/ 사람으로 태어나서 옳지 곧 못하면/ 마소를 갓 고깔 씌워 밥 먹이나 다르랴." 성산별곡 관동별곡 사미인곡 속미인곡 등 순우리말로 머리부터 끝까지 한국의 문학적 심정을 나타내고 있지 않은가. 송강 가사에 나타난 우리말의 아름다움을 보면 우리는 한글 사랑과 겨레의 사랑을 하지 않을 수 없으며 세계 속에서 한글이 요동치지 않을 수 없다.

한글을 통해 우리의 기술, 우리의 문화를 세계로 널리 알리고 이해시킨다면 더욱 국력은 확장되리라 믿는다. 미주 송강 문화선양회에선 매년 미주지역에서 송강 작품 특별 전시회를 영사관 및 한국문화원의 협조로 개최하고 있다. 지난해는 로스앤젤레스에서 개최

했으며 금년에는 하와이에서 개최할 예정이다. 이 행사를 통해서 한글의 우수성을 널리 알리며 한국 문화를 선양할 기회를 만들어 한국 문화의 세계로의 길을 모색할 기회를 만들고자 한다.

　글로벌시대를 맞이하여 한국인이 세계 도처에 흩어져 살고 있다. 1.5세 2세들에게 꾸준히 바른 한글을 가르치고 그들로 하여금 먼 훗날 한글의 세계화 결실을 더 효과적으로 확장시킨다는 것은 너무나 중요한 사실이다.

　해를 거듭할수록 인간의 수명은 길어만 간다. 따라서 멀지 않아 세계는 문화 융성 발전의 시대를 맞이하게 될 것이다. 경제 성장과 더불어 우리는 아름답고 주옥같은 한글을 세계 만방에 널리 펼쳐 한국의 문화를 국제화하는데 함께하여 후손들에게 품격 있고 건실한 문화를 물려주어야 하지 않겠는가.

　아울러 세계 속에서 한국인에 대한 부정적인 인식은 말끔히 씻어 버리고 한국인의 활동 영역을 넓혀야 한다. 국제화 흐름에 유유히 같이 흘러가려는 노력과 지혜를 갖추어야 한다. 그렇게 함으로 국제 경쟁시대에 한국인의 활동 무대가 넓혀질 것이며 한글은 세계 속에서 더 가까이 다가올 것이다.

백인호 에세이

큰 물결이
고요히